A LA LUMIÈRE DE TA PAROLE

Enseignements bibliques aux Chrétiens
d'Arrière-Plan Musulman

« *Ta parole est une lampe à mes pieds,
Et une lumière sur mon sentier* »

Psaume 119. 105

Tous droits de reproduction totale ou partielle et de traduction réservés

©2018 Salah Mokrani

Édition : BoD – Books on Demand
12/14 rond-point des Champs-Élysées, 75008 Paris
Impression : BoD - Books on Demand, Norderstedt, Allemagne

ISBN : 978-2-322-16201-7

Dépôt légal : Septembre 2018

Préface

Lorsque Salah Mokrani m'a demandé de préfacer son livre "A la lumière de ta Parole", j'ai tout de suite pensé à Colossiens 4,12-13.
Aussi, cher lecteur chrétien APM (Arrière-Plan Musulman) j'ai l'audace et la joie de vous adresser à la suite de Saint Paul cette salutation que je fais mienne :

" *Salah, qui est des vôtres, vous salue ; ce serviteur du Jésus ne cesse de lutter pour vous dans ses prières, al vous teniez ferme, parfaits et bien établis dans tous les vouloirs divins. Oui, je lui rends ce témoignage qu'il prend beaucoup de peine pour vous ainsi que pour ceux de Lyon et pour ceux de France*".

Que la lumière de la Parole du Christ, Sauveur, Seigneur et Messie vous guide et vous remplisse de paix et de joie.

Guy STREMSDOERFER
Fondateur de la communauté de l'Epiphanie et de la Croix
Professeur émérite de l'Ecole Centrale de Lyon

Introduction

Nous croyons que la Bible est la parole du Dieu vivant. C'est la constitution de nos vies. Nous rejetons tout ce qui va à l'encontre de ses enseignements. Quelles que soient les époques, les mœurs et les coutumes ; quels que soient les milieux dans lesquels évoluent les chrétiens et leurs églises, connaître les doctrines de la Bible et s'y attacher constituera toujours leur force et leur stabilité spirituelle.

Le but de cette étude est de mettre des enseignements bibliques, de façon brève et suivie, à la portée de mes frères et sœurs en Christ, sortis de l'islam et soucieux d'approfondir leur foi. J'espère aussi pouvoir éclairer toute personne en recherche d'une foi chrétienne authentique. Le besoin est URGENT d'affirmer les croyants sortis de l'islam par l'étude de la Bible, afin qu'ils tiennent fermes face aux attaques de l'esprit mensonger de l'islam. Ensuite, fermes dans leurs convictions, ces bien-aimés dans le Seigneur seront plus à même de communiquer la vérité urgente de l'Evangile aux musulmans. Ils ne doivent pas avoir peur des islamistes et honte de l'Evangile, bien au contraire (1Timothée 2.4). La vie chrétienne sur le plan individuel et la vie de l'église collectivement sont étroitement liées, car l'église est constituée de chrétiens et les chrétiens forment l'église.

Dans la Bible, la vie chrétienne et l'église sont comparées à un édifice bâti sur le fondement des apôtres et des prophètes. Il est donc important de définir ce que nous croyons à la lumière de l'enseignement biblique. La Bible, Parole de Dieu, contient la véritable Révélation de Dieu et de sa volonté pour tout chercheur, l'indispensable instruction pour tout croyant. L'ensemble des vérités qu'elle présente forme la doctrine [enseignement] chrétienne. C'est en effet de la conformité à l'enseignement des Apôtres que dépendra la solidité de la construction de la vie chrétienne et de l'église. Il n'y a pas de saine croissance spirituelle pour le chrétien, sans une saine doctrine chrétienne. Toute la doctrine biblique se résume en Jésus-Christ. Prenons le temps de lire les références bibliques et d'y réfléchir.

Mes remerciements vont à ma sœur Evelyne pour son travail de correction du manuscrit, ainsi qu'aux frères qui se sont exprimés dans la postface.

Je dédie ce livre à mes frères et sœurs chrétiens APM (Arrière-Plan Musulmans), afin qu'ils restent fermement attachés à la Parole de Dieu (la Bible.

Salah MOKRANI

Chapitre 1 : Dieu se révèle

L'Evangile, c'est une Bonne Nouvelle ! Cet Evangile nous vient de Dieu pour résoudre [le problème] de sa relation avec l'homme. Par cet Evangile, nous pouvons trouver la connaissance de Dieu et vivre une pleine communion avec lui. Par cet Evangile, nous pouvons connaître et accomplir le but de notre existence. Dieu a pris l'initiative : à travers l'Evangile, Dieu nous parle. Il se révèle. Dieu, en effet, ne peut être connu que s'il se dévoile. L'homme a beau imaginer Dieu, ce n'est que son imagination. Dieu n'est pas une pensée religieuse sans fondement réel et sûr. En effet, les religions proposent leurs différentes conceptions de Dieu. Mais sur quoi se basent-elles pour formuler leur idée de Dieu ? Comment peuvent-elles savoir qu'il existe un Dieu issu de leur création mentale ? En fait, nous ne pouvons rien savoir sur Dieu s'il ne se dévoile pas, s'il ne se fait pas connaître. Demandons-nous donc plutôt : comment Dieu s'est-il révélé ? Si Dieu existe et s'il est amour, nous pouvons nous attendre à ce qu'il exprime son amour, à ce qu'il fasse une démarche pour que l'homme puisse entrer en relation avec lui. Et c'est ce qu'il fait.

Donc, comment Dieu s'est-il révélé ? Dieu se fait connaître à l'humanité de deux manières : Par une « révélation générale » [sa création] et par une « révélation spéciale » [la Bible]. Nous allons voir la « révélation générale ».

La Parole de Dieu mentionne les moyens particuliers par lequel Dieu se révèle :

<u>Dans la nature</u> : (Esaïe 6 : 3 ; Psaumes 19 : 2 ; Romains 8 : 19-22). La gloire de Dieu est ainsi révélée par la création qui nous entoure. Il est vrai que la nature n'est plus parfaite (Romains 8.19-22) depuis que le péché de l'homme a attiré la malédiction

de Dieu sur terre (Genèse 3.17-19). Cela ne change cependant pas le témoignage de « l'armée des cieux », des astres, des étoiles innombrables et de tout l'univers : Ils sont dirigés et soutenus dans leur course par Dieu leur créateur. (Romains 1.19-21). L'apôtre Paul affirme ici la valeur de la révélation générale de Dieu dans la nature, son ouvrage. Les hommes peuvent donc connaître Dieu à travers la Nature, à tel point qu'ils sont « inexcusables » de ne pas le glorifier comme Dieu et de ne pas lui rendre grâce. Autrement dit, ils pèchent contre une lumière éclatante.

<u>Dans l'homme</u> : Si Dieu se manifeste dans sa création, c'est dans l'homme qu'il se révèle avec le plus d'éclat (Genèse 1 : 26-27 ; Jacques 3 : 9). Cette expression ne signifie pas que Dieu a un corps comme le nôtre (Jean 4 :24). Elle parle plutôt de la personnalité de l'homme, reflet de celle Dieu. En considérant l'homme d'aujourd'hui, on ressent la même impression qu'en regardant autour de soi la terre maudite : l'homme est pécheur. Il n'est plus le reflet intégral (complet) de la personne du Dieu saint. Cependant, dans ses capacités à raisonner, à communiquer, à aimer, à choisir, l'homme garde quelque chose de la nature de Dieu. En considérant la conscience de l'homme [faculté naturelle de discerner le bien et mal], même si elle est imparfaite, nous pouvons nous faire une idée de la sainteté de Dieu. L'apôtre Paul démontre que la loi de Dieu est écrite dans le cœur de l'homme (Romains 2.15). L'homme, créé à l'image de Dieu, est donc un être moral [qui fait le bien] et nous pouvons conclure que Dieu est juste et saint.

<u>Dans l'histoire</u> : Dieu a non seulement créé toutes choses mais aussi il les soutient. Son activité, tout au long de l'Histoire, renseigne sur sa nature. Dieu n'est pas absent du monde qui lui appartient. Il s'en occupe constamment et il est intervenu à

maintes reprises, au cours des siècles, pour y opérer d'importants changements d'orientation. Quelques exemples : Dans le déluge, nous voyons son horreur du péché ; dans l'appel d'Abraham, nous voyons son initiative pour bénir des hommes ; dans les miracles avec son peuple d'Israël avant et après la sortie d'Egypte, nous voyons sa grande puissance, grâce à laquelle l'impossible devient possible ; par le don de sa loi, nous voyons sa sainteté, ses exigences morales ; par la venue de son Fils Jésus, nous voyons son amour et son désir intense de nous réconcilier avec lui.

Pourquoi est-il nécessaire que Dieu se révèle ? Comment Dieu se révèle-t-il ?

Chapitre 2 : La révélation écrite

Dès les toutes premières lignes de la Bible Dieu se révèle (Genèse 1.1). Le Dieu créateur est un Dieu qui s'exprime. Il communique ses pensées par ses paroles. Dieu n'a donc pas simplement donné de lui-même une révélation générale dans sa création. Pour se faire connaître plus parfaitement, Dieu a parlé. Il a clairement exprimé les vérités qu'il voulait nous révéler. Les rayons de vérité et de bon sens que l'on découvre dans toutes les religions du monde ont été perçus par les hommes à travers la révélation générale. Mais les rites cruels, les croyances malsaines et les pratiques injustes de ces religions démontrent l'incapacité de l'homme à percevoir, par ces seuls rayons de compréhension, assez de vérité pour vivre une vie épanouie, en communion harmonieuse avec Dieu. Au cours des siècles précédant la venue de Jésus-Christ, Dieu a entrepris de compléter cette révélation générale (Hébreux 1.1-3). La révélation de Dieu s'est faite progressivement. Des vérités telles que la Trinité [Tri-unité], la grâce de Dieu, l'au-delà, le moyen du salut, bien que fondées sur l'Ancien Testament, n'ont été pleinement exposées que dans les écrits du Nouveau Testament.

On trouve dans toute la Bible :
- Des manifestations visibles de Dieu : Colonne de nuée (Exode 33 : 9-10) ; Feu et gloire (2 Chroniques 7 :1-2) ; Apparition d'anges (Daniel 8 :15-17) ; L'ange de l'Eternel (Juges 6 :12,14).

- Des communications directes de Dieu : Dans l'Ancien Testament, Dieu utilise la parole pour s'adresser à différentes personnes (Psaumes 33 :9) ; Dieu se parle à lui-même (Genèse 2 :18) ; Dieu parle au premier couple (Genèse 2 :16) ; Dieu parle à leurs enfants (Genèse 4 :6) ; Dieu parle à Noé (Genèse 6.13) ; Dieu parle à Abraham (Genèse 12 :1) ; Dieu parle à

Moïse lors de sa vocation (Exode 3.4) ; Dieu parle par un murmure avec Elie (1Rois19 :12-13) ; Dieu parle par une conversation à Jonas (Jonas 4) ; Dieu a parlé à bon nombre de ses serviteurs, les prophètes dans l'A.T ; ces prophètes à leur tour, se tenant devant le peuple de Dieu, ont proclamé : « Ecoutez la parole de l'Eternel ! Ainsi parle l'Eternel » (1Rois 7 :1). Dieu a révélé ses pensées dans des situations précises, par des paroles, des communications orales et directes.

La manifestation de Dieu par le Fils

La révélation de Dieu dans l'histoire atteint son point culminant dans la personne de Jésus-Christ. Dieu lui-même vient vivre et parler dans ce monde qui est le sien. Jésus est le prophète par excellence (Deutéronome 18 :15,18 ; Actes 3 :21-22 ; Luc 7 :16). Il est plus qu'un prophète : Jésus-Christ révèle Dieu par ses paroles, mais aussi par sa vie. Le Dieu invisible est devenu visible en Jésus. Jésus est l'image de Dieu par excellence (Colossiens 1 :15 ; Hébreux 1 : 3). Jésus révèle le Père (Jean 14 : 8-9). Jésus est la Parole de Dieu faite chair (Jean 1 :14). Il révèle encore mieux les pensées insondables de Dieu. La vérité parfaite de Dieu est connue par Jésus-Christ (Jean 18 :37 ; Jean 14 :6). Les enseignements du Seigneur Jésus-Christ transmettent donc fidèlement la vérité que Dieu veut révéler par lui.

Dieu parle par la Bible

Les révélations de Dieu sont tirées de la Bible, que nous appelons habituellement la [Parole de Dieu]. La Bible n'a pas seulement consigné des conversations de Dieu avec ses serviteurs. Elle contient des révélations de Dieu mais elle est aussi le moyen durable par excellence que Dieu a choisi pour transmettre sa révélation à l'homme. Connaissant les limites de la tradition orale, sujette à l'oubli et à l'erreur au cours des siècles, Dieu a pris soin de fixer une fois pour toutes sa révélation sous forme écrite, pour toutes les générations à venir. Pour ce faire, il a suscité des prophètes et des apôtres. Les Ecritures ont été rédigées au cours de plusieurs siècles. La révélation est donc progressive. Dieu s'est appliqué à éduquer son peuple d'Israël et son Eglise lentement mais sûrement. Dieu a commencé par poser les bases de son autorité absolue de créateur, et de sainteté pour aboutir au déploiement merveilleux de son amour et de sa grâce dans l'œuvre de salut opérée par Jésus. La révélation de Dieu a été scellée définitivement comme complète dans la Bible (Apocalypse 22 :18-19) jusqu'aux apôtres.

De quelles manières Dieu a-t-il communiqué sa Parole aux hommes ? Quelle contribution capitale Jésus-Christ apporte-t-il à la révélation ?

Chapitre 3 : L'inspiration de la Bible

Dieu parle aux hommes, et pour qu'ils possèdent une révélation sûre et durable de sa part, Dieu l'a enregistrée dans la Bible. Dieu l'a fait de manière extraordinaire, en inspirant les écrivains de la Bible, de sorte que ce qu'ils ont écrit soit préservé de toute erreur (2 Pierre 1 :21 ; 2 Timothée 3 :16). « Inspirée » de Dieu veut dire dans le langage de la Bible [animée de Dieu]. C'est l'Esprit de Dieu qui accomplit cette œuvre d'inspiration. Dans son activité d'inspiration de la Bible, le Saint-Esprit veille sur les écrivains de la Bible, de sorte qu'ils écrivent le plus fidèlement possible les paroles mêmes que Dieu veut voir écrites. L'inspiration est donc cette influence, ce contrôle que l'Esprit-saint exerce sur l'esprit des écrivains de la Bible quand ils écrivaient tout en gardant chacun sa personnalité et son style d'écriture propre. Dieu les utilise poussés par le Saint-Esprit avec leurs capacités, leur caractère et leur culture, pour écrire les paroles qui feront la révélation de Dieu. Nous lisons que Dieu parle dans l'Ancien Testament (Nombres 12. 6,8 ; Hébreux 1.1). Quant à l'inspiration du Nouveau Testament, le Seigneur Jésus la prédit lorsqu'il promet l'Esprit Saint aux apôtres (Jean 16 : 13). Cet engagement du Saint-Esprit se réalise dans les écrits de tout le Nouveau Testament. C'est ainsi que l'apôtre Pierre n'hésite pas à élever les écrits de l'apôtre Paul au niveau des Ecritures de l'Ancien Testament (2 Pierre 3 :15-16). L'apôtre Paul lui-même prétend que son enseignement est la parole de Dieu, la vérité révélée (1Corinthiens 2 :10-15 ; 1Thessaloniciens 2 :13 ; Galates 1 :12). La Bible décrit donc ainsi sa propre inspiration. C'est pour cela que nous affirmons que la Bible est la Parole de Dieu. Nous mettons notre confiance en l'Ecriture sainte, étant assurés du bien fondé de celle-ci.

Que signifie le « inspirée » ? Comment savoir si la Bible est inspirée ? Quelles conséquences pratiques découlent de cette doctrine pour notre vie ?

Chapitre 4 : L'existence de Dieu

La Bible ne cherche pas à prouver l'existence de Dieu, elle l'affirme tout simplement (Genèse 1.1). Il est là, au commencement, dès avant l'existence de toute chose. (Apocalypse 1.8 ; 22.13). Dieu se présente lui-même à Moïse (Exode 3 : 14 ; 6 :2), comme celui qui a toujours existé.

<u>En existe-t-il des preuves ?</u>

Peut-on démontrer l'existence de Dieu ? Si oui, comment ? Il est impossible de prouver Dieu par les arguments de la raison. Toute notre connaissance de Dieu repose sur la foi en sa Parole. La Bible atteste l'incapacité de l'homme à prouver l'existence de Dieu (Job 11.7). La réponse est non ! (1Corinthiens 1.21 ; 1Corithiens 2.11).

<u>La philosophie</u>

L'homme est néanmoins capable naturellement de concevoir l'existence de Dieu. Par ce moyen, l'homme peut penser à Dieu comme à l'Être le plus parfait qu'on puisse imaginer. Puisque l'homme est foncièrement religieux par nature, il peut inventer cet Être suprême parfait et si un aspect de sa perfection est l'existence, il peut en déduire que cet Être existe et que c'est Dieu. Ce que le penseur Blaise Pascal appelle « le dieu des philosophes ». Cependant la philosophie seule ne peut assurer qu'il existe objectivement une personne qui corresponde à cette idée humaine. C'est d'ailleurs le problème de base de toutes religions y compris l'islam, qui sont plutôt des philosophies religieuses suscitées par les hommes : seul le christianisme révèle Dieu qui prend l'initiative de venir vers nous en se dévoilant. Il faut donc admettre les limites de la raison humaine dans ce domaine.

La certitude

Cela ne signifie pas que nous soyons laissés dans l'ignorance sur ce point capital. Sur le plan de la raison, l'homme admet facilement que, s'il existe un Dieu personnel qui aime, il est raisonnable qu'il se fasse connaître. En effet, si l'on examine avec soin les prétendues révélations de Dieu dans le monde, on en découvre une si extraordinaire et pourtant si raisonnable que, par elle, on peut être convaincu que ce Dieu d'amour existe, car il s'est manifesté. Cette révélation nous est donnée dans la Bible. Nous pouvons l'étudier et l'évaluer. Elle fournit l'évidence par laquelle nous pouvons être convaincus de l'existence de Dieu et encourager d'autres personnes à croire.

La nature

Dieu se révèle par sa création. C'est une œuvre à la fois si précise, si grandiose, si variée et si belle, qu'elle incite à penser à celui qui en est la cause première : Dieu est l'architecte-mathématicien et le dessinateur-artiste de cet univers admirable. Bien que soumise à la corruption [du mal], la création reste une merveille dont l'existence demande une explication. Pour le scientifique, le problème de l'existence est insoluble pour l'esprit humain. La Bible dit : que Dieu seul peut en être la cause première, le Créateur (Genèse 1.1). Dieu a très bien conçu son univers : si la terre était un peu plus proche ou un rien plus éloignée du soleil, la vie humaine y serait inconcevable à cause d'une trop grande chaleur ou d'un froid excessif ou si, sur la terre, il y avait plus au moins d'eau, la vie humaine serait impossible.

La morale

L'existence de Dieu est fondée sur la réalité de la conscience morale [honnête, juste] de l'homme qui devrait être la base de toute société. C'est ainsi que nous estimons que les bons doivent être récompensés et que nous réagissons très mal quand d'honnêtes gens souffrent injustement. Nous croyons qu'une bonne conduite mérite une juste récompense. Bonté et justice viennent de Dieu et c'est lui qui a mis ces pensées dans la conscience de l'homme, créée à son image.

Jésus-Christ

Dieu se révèle par Jésus-Christ. Si Jésus-Christ est Dieu, Dieu existe. Peut-on être sûr que Jésus-Christ est Dieu, comme il l'a lui-même prétendu ? Oui, on le peut mais seulement par la foi ! Lisez les quatre récits de l'évangile. Considérez la naissance miraculeuse de Jésus, ses enseignements saints, sa vie parfaite, les prophéties accomplies en sa personne et celles qu'il a prononcées et qui sont réalisées, ses miracles, sa transfiguration, ses exigences, sa mort extraordinaire, sa résurrection, son ascension, son influence sur l'histoire et sur la vie de ceux qui ont cru en lui. Seul le croyant peut affirmer que Jésus-Christ est Dieu et que Dieu existe.

Peut-on démontrer l'existence de Dieu ? Intellectuellement, on ne peut démontrer de façon absolue l'existence de Dieu. Pourquoi ? Si on vous demande pourquoi vous croyez en Dieu, que répondons-nous pour démontrer que Dieu existe ?

Chapitre 5 : La grandeur infinie de Dieu

Par la foi dans le Christ et dans sa révélation, nous sommes introduits dans la connaissance de Dieu. Nous avons rencontré le Seigneur Jésus, nous avons connu Dieu. Ce n'est pas que nous l'ayons connu parfaitement, ni même que nous l'ayons bien connu. Dieu s'est présenté à nous et nous l'avons rencontré ; désormais, nous pouvons dire que Dieu n'est plus une personne étrangère éloignée, mais un Père. Le but de notre vie est devenu celui de l'apôtre Paul : connaître Dieu davantage (Philippiens 3.10). Dieu seul, en effet, répond parfaitement à notre besoin fondamental de connaître et d'aimer quelqu'un digne de notre amour total. Puisque Dieu nous a faits pour cette relation avec lui, il correspond aux aspirations profondes de notre âme. Le connaître, c'est la vie (Jean 17.3).

La perfection de Dieu

Jésus révèle que son Père est parfait (Matthieu 5.48), ce qui signifie qu'il n'y a rien en lui qui trompe, qui déçoive, qui soit indigne. Toutes les qualités [caractère] de Dieu sont sans faille : il n'y a en lui ni ténèbres, ni ombre de variation (1Jean 1.5 ; Jacques 1.17). Plus nous connaissons Dieu, plus ses perfections nous émerveillent, et plus elles renforcent notre adoration. Notre connaissance de Dieu [comme notre adoration et notre amour pour lui] ne peut cependant jamais être parfaite dans cette vie. Nous sommes appelés à croître dans la connaissance de notre Seigneur Jésus-Christ (2Pierre 3.18) et l'apprentissage spirituel dure toute notre vie, car Dieu est infini.

L'omniprésence

Dieu se trouve partout : Un jour un cheik, contrôlant l'enseignement religieux, dit à son élève : « Hamed, peux-tu me dire où est Dieu ». L'élève, bien attentif, répondit : « Cheik, pouvez-vous me dire où il n'est pas ». Le psalmiste dans (Psaumes 139), célèbre l'omniprésence de Dieu qui est au-delà de l'étoile la plus lointaine de sa création et pourtant tout aussi présent pour observer chacun des pas qu'un homme fait sur la terre. L'apôtre Paul exhorte à prier partout car Dieu est partout (1Timothée 2.8). Cela doit nous nous encourager (Hébreux 13.5-6). Vivons donc toujours dans la présence de Dieu, où que nous allions.

L'omniscience

Dieu sait tout : Nous ne le connaissons qu'en partie (1Corinthiens 13.12) mais Dieu, lui, nous connaît entièrement (Psaumes 139.1-4). Dieu peut sonder nos cœurs, nos mobiles, nos pensées secrètes. Rien n'échappe à sa connaissance : elle est infinie. Sa connaissance unit non seulement tout ce qui se passe partout dans l'univers, mais aussi tout ce qui s'y est passé, tout ce qui s'y passera et même tout ce qui aurait pu s'y passer ! Lorsque que nous commençons à réfléchir à une vision de Dieu, nous sommes rapidement amenés à proclamer ce que le psalmiste a exprimé (Psaumes 139.6). Cette vérité nous émerveille, nous humilie, mais nous encourage aussi. Dieu n'ignore rien de nos épreuves, de nos difficultés. Il comprend. Il connaît aussi nos faiblesses, nos péchés. Nous ne pouvons rien cacher à son saint regard. S'il voit que notre désir profond est de lui plaire, Dieu peut nous approuver quoi qu'en pensent les hommes. Si, par contre, nous agissons avec hypocrisie, nos actes extérieurs ne peuvent le tromper : il connaît le cœur de l'homme.

L'omnipotence

Dieu peut tout : Avec Dieu tout est possible (Matthieu 19.26) car il n'y a pas de limite à sa puissance. Par cette puissance, Dieu peut tout accomplir. Aucune force dans l'univers ne peut l'empêcher d'exécuter sa volonté (Daniel 4.35). L'exemple suprême de l'omnipotence de Dieu est la création de toutes choses : Dieu se montre souverain sur tout ce qui existe, cat il en est l'auteur. Le prophète Jérémie fait de cet acte de la création la base de sa foi dans la toute-puissance de Dieu (Jérémie 32.17). Dans le Nouveau Testament, la démonstration suprême de sa puissance est la résurrection de Jésus-Christ d'entre les morts. L'apôtre Paul désire que les chrétiens sachent qu'elle est, pour nous qui croyons, l'infinie grandeur de sa puissance (Éphésiens 1.19-20). C'est par sa toute-puissance créatrice qu'il accomplit également la nouvelle création, qui consiste à nous ressusciter avec Christ pour constituer l'Eglise (Éphésiens 3.20).

L'éternité de Dieu

Dieu sans commencement et sans fin : De toutes les révélations concernant l'infini de Dieu, celle-ci est probablement la plus difficile à saisir. Nous sommes des créatures nées dans le temps. Il nous est donc impossible de comprendre l'existence d'un Dieu qui n'est pas limité par le temps, qui existe en dehors du temps. Dieu en dehors du temps est présent à tout moment de l'Histoire depuis la création du monde. Dieu est le seul être non créé. Au commencement, il était déjà là (Genèse 1.1 ; Jean 1.1-3). Voilà la réponse à la question : « D'où vient Dieu ? ». Il existe depuis toujours. Personne n'a créé Dieu (Esaïe 43.10). Dieu est infini, illimité dans sa connaissance, dans le temps, dans l'espace et dans sa puissance. Il n'est donc pas surprenant qu'il nous dépasse, nous qui, au contraire, sommes limités, si finis. Moïse loue l'éternité de Dieu (Psaumes 90.1-2). Ne devrions-nous pas, nous aussi, nous courber devant Dieu et l'adorer, lui qui est souverain et infini ? Lui que nous avons le privilège de connaître si nous ne pouvons entièrement le comprendre ?

Quels réconforts nous apportent l'enseignement biblique au sujet de l'éternité de Dieu ? Dieu est-il limité par quoi que ce soit ? Les attributs [caractères] infinis de Dieu nous dépassent. Dans quelle mesure est-il bon de les étudier ? Comment appliquer dans notre vie l'omniprésence [Dieu se trouve partout], l'omnipotence [Dieu peut tout] et l'omniscience de Dieu [Dieu sait tout] ? Après avoir fait cette étude sur la grandeur infinie de Dieu, en quoi notre attitude envers Dieu a-t-elle évolué ?

Chapitre 6 : Un Dieu personnel

En réponse à la question : « Qui est Dieu ? », aucune définition humaine ne peut tout dire. C'est donc vers la Bible que nous nous tournons pour comprendre et répondre à cette question. Dieu est esprit (Jean 4.24), ceci parle de la nature essentielle de la divinité de Dieu. Dieu est un être spirituel, sans corps, incapable d'être localisé en un seul endroit. Il est donc invisible, présent partout à la fois. Les perfections de la nature de Dieu dépassent notre compréhension. L'homme ne peut comprendre Dieu, du fait de sa nature spirituelle et, de surcroit, infinie (1Corinthiens 2.11). Notre intelligence limitée n'est pas apte à sonder totalement toutes les doctrines (enseignements) de la Bible concernant les attributs [les caractères] infinis de Dieu. L'infini de Dieu n'empêche cependant pas une connaissance réelle de Dieu, car Dieu est personnel, et l'homme peut communiquer personnellement avec lui. Dieu est un esprit infini et personnel. Quand nous attribuons une personnalité à Dieu, nous ne pensons pas aux personnalités humaines [bien qu'il y ait une correspondance, étant créées à son image]. Notre personnalité, en effet, réside dans la partie psychique de notre être, c'est-à-dire notre âme, et non notre corps. Il n'est dès lors pas surprenant qu'un Dieu qui est esprit soit doué de personnalité. Les différents attributs [caractères] personnels de Dieu peuvent être résumés ainsi : intelligence, affectivité et volonté. Bien que la personnalité de Dieu soit parfaite par rapport à la nôtre qui est imparfaite, ces trois éléments qui constituent sa personnalité sont les mêmes que ceux qui constituent la personnalité humaine.

Intelligence

Sous ce titre nous mettons aussi la droiture de Dieu : quand il s'exprime, sa parole est vraie. Plus encore, sa nature est telle qu'il lui est impossible de mentir (Hébreux 6.18). Cela nous donne une grande assurance puisque nous basons notre conduite et notre avenir sur ses paroles. Que les non-croyants disent ce qu'ils veulent, leur intelligence est limitée et ils se trompent souvent (Romains 3.4). A cela est liée la fidélité de Dieu (Hébreux 10.23) : sa fidélité accomplira la parole de vérité qu'il a prononcée. Dieu est entièrement digne de confiance, car sa nature immuable [= ne change pas] ne peut ni se tromper ni nous décevoir. Même si nous sommes infidèles à Dieu, lui, il demeure fidèle (2Timothée 2.13). Dieu n'agit pas contre sa vraie nature. Pensons encore à la sagesse de Dieu, c'est-à-dire sa capacité d'utiliser son intelligence infinie dans le seul but parfait à ses yeux. La croix de Christ est la manifestation suprême de sa sagesse, le moyen conçu par cette sagesse infinie pour réconcilier l'homme pécheur avec lui (1Corinthiens 1.22-24). Nous ne pouvons faire mieux que nous écrier comme l'apôtre Paul notre émerveillement devant un tel Dieu (Romains 11.33-34,36).

Affectivité

Certains des attributs de Dieu révélés dans la Bible montrent qu'il n'est pas un Dieu dépourvu de compassion (Hébreux 4.15). Dans ses agissements, Dieu n'est pas simplement émotionnel car il se manifeste dans le sage accomplissement de sa volonté bienveillante. Dieu est riche en bonté (Exode 34.6). Comme le père du fils dépensier (Luc 15.20). Dieu dans son amour, il use de patience (2Pierre3.9), ne désirant pas la punition des hommes, mais le salut. C'est un Dieu de miséricorde qui, tel un père, prend pitié de ses enfants, les regardant avec gentillesse et bienveillance. Il est incapable de mauvaise volonté ou de méchanceté à notre égard (1Jean 4.8) et, puisque Dieu est infini, son amour l'est aussi. Dieu nous aime d'un amour éternel (Jérémie 31.3). Il n'aurait pas pu nous aimer davantage. Son amour envers nous a une valeur infinie. Elle est telle qu'il ne peut pas l'augmenter, car il n'existe pas d'amour plus grand (Jean 15.13). Par amour, le Père s'est donné en son Fils unique pour sauver les coupables que nous sommes de la perdition, et le Fils a offert sa vie pour nous (Jean 3.16). Quelle assurance merveilleuse que de connaître un tel Dieu qui est notre Père, qui nous aime et qui continuera à nous aimer pour toujours d'un amour parfait et inconditionnel. Oui, il nous aime sans condition, c'est la signification de sa grâce. Nous n'avons pas à gagner ou à mériter son amour, Dieu nous aime malgré nos péchés et notre indignité. Quoi que nous fassions qui puisse attrister son amour, sa grâce envers nous demeure à jamais car le but que Dieu poursuit pour nous, c'est notre plus grand bien. La colère de Dieu est une autre émotion dont Dieu est capable, mais il est lent à la colère (Exode 34.6). Chez lui, la colère n'est pas, comme si souvent pour nous, un éclat incontrôlé de passion, mais elle prend plutôt la forme d'une indignation constante et résolue contre tout péché. Dieu hait le péché, tout en aimant le pécheur. Nous devons avoir aussi le mal en horreur (Romains 12.9), le haïr parce que c'est l'attitude même de Dieu à l'égard de toute iniquité (Psaumes 97.10), mais nous avons à aimer en tant qu'être humain, celui qui commet le mal. Les émotions de Dieu réagissent ainsi contre toute injustice (Romains 1.18), en somme contre tout ce qui salit son œuvre, contrecarre sa volonté et empêche le bonheur de l'homme.

Volonté

Toutes choses existent par sa volonté (Apocalypse 4.11). La volonté de Dieu est l'initiative qui a donné lieu à la création. Elle est révélée dans ses commandements et sera, à la fin des temps, le critère de son jugement. La souveraineté de Dieu sur sa création est ainsi manifestée : comme Roi au ciel, il fait tout ce qu'il veut (Psaumes 115.3). Puisqu'il est Dieu, sa volonté domine toutes les autres volontés créées. Nul n'a le droit de s'y opposer : tous dépendent de lui et doivent lui rendre compte. Les commandements de Dieu expriment sa sainteté et sa volonté. Dieu ordonne à l'homme d'être saint car il est lui-même saint (1Pierre 1.16), et il communique sa sainte volonté pour l'homme par ses lois. Cette volonté exprime aussi son amour : Dieu veut notre bien. Dieu unit son amour, sa sagesse et sa sainteté en ordonnant aux hommes d'obéir à ses commandements purs, conçus par son intelligence infinie, pour notre plus grand bien. Ainsi compris, notre devoir de soumission à la volonté parfaite de Dieu n'est pas désagréable : au contraire, c'est la voie du vrai bonheur que Dieu nous propose. Le plan bienveillant de notre Dieu est d'introduire, par sa grâce, des hommes pécheurs dans une relation réelle et personnelle avec lui. Une relation dans laquelle nous sommes, bien entendu, les bénéficiaires. Nous n'avons pas à exiger quoi que soit. Grâce à son amour compatissant, nous ne sommes pas bannis de sa communion, même si nous ne méritons que sa colère. Quand nous acceptons humblement notre position devant lui, et recevons, par Christ, son pardon et sa grâce, nous apprenons à connaître Dieu personnellement. Une relation s'établit avec lui. Toute notre vie est alors consacrée à le connaître de mieux en mieux.

Que veut dire : Dieu est personnel et infini ? Dieu est fidèle et ne change pas : quelles en sont les conséquences pour nous ? Dieu nous aime. Qu'est-ce que cela signifie pour nous ? Comment comprendre la sainteté de Dieu en ce qu'il le concerne ? Comment comprendre sa sainteté dans sa relation avec nous ? Quelle différence y-a-t-il entre la compassion et la justice de Dieu ? Quelle attitude devons-nous avoir à l'égard de la colère de Dieu ? Dieu nous aime. Qu'est-ce que cela signifie pour nous ?

Chapitre 7 : La Trinité de Dieu

Nous pouvons connaître Dieu car il personnel. Mais nous ne pouvons pas le comprendre, car il est infini. La nature trinitaire de Dieu [Dieu est un et Dieu est trois] est une révélation difficile à appréhender.

L'unité de Dieu

La lecture de la Bible fait clairement ressortir l'existence d'un seul vrai Dieu. Dans l'Ancien Testament, Dieu fait dire par Moïse à son peuple Israël, qu'il leur est strictement défendu d'adorer qui que soit d'autre que Dieu seul (Deutéronome 6.4). Les autres dieux des autres races et nations environnantes ne sont que les produits imaginaires sortis de l'esprit des hommes ou matériellement créés par leurs mains (Esaïe 44.9-20). Jésus, dans le Nouveau Testament, cite cette parole du (Deutéronome 6.4) dans (Marc 12.29) et déclare que son Père est le seul vrai Dieu (Jean 17.3), comme le dit également l'apôtre Paul (1Corinthiens 8.4-6).

Le Dieu trinitaire

La nature trinitaire de Dieu doit se concevoir dans le cadre du monothéisme [un seul Dieu ou l'unique Dieu]. Dans la Bible, trois personnes sont manifestées comme Dieu : le Père, le Fils et le Saint-Esprit. Elles ne sont pas cependant trois dieux mais un seul. La vérité exprimée par le mot Trinité [Tri-unité] : trois personnes, éternellement distinctes et d'une seule et même essence [catégorie] divine. Un Dieu, existant de toute éternité en trois espaces de conscience [trois personnes]. Chacune des trois personnes est également divine, et à chacune est attribué un travail spécifique que Dieu seul peut faire. Si cela paraît humainement incompréhensible, ne peut-on pas en déduire que c'est effectivement une révélation divine et non une invention humaine ? Je ne puis comprendre comment il est possible qu'il y ait un seul Dieu et néanmoins trois personnes : Dieu le Père, Dieu le Fils et Dieu le Saint-Esprit. Mais je l'accepte comme une révélation de Dieu [c'est l'équation divine].

Jésus, le Fils de Dieu

Cette révélation n'est certes pas facile à recevoir par les disciples de Jésus, Juifs et monothéistes. Pour eux, le fait que Jésus prétende être le Fils de Dieu est un blasphème. Les religieux l'accusent (Jean 10.33). Ils cherchent même à le faire mourir à cause de ce blasphème (Jean 5.18). Les prétentions de Jésus [qui le conduiront à la mort à la croix] suscitent plus d'une fois une vive réaction parmi les juifs. Par exemple, lorsqu'il déclare qu'il fait un avec Dieu (Jean 10.30-31 ; 8.58-59). Pour mémoire, « je suis » était le nom de Dieu des Juifs. Non content de faire allusion à son existence avant qu'Abraham existe, Jésus affirme être « Je suis », l'Eternel. Lentement mais sûrement, les disciples acceptent la vérité. Malgré leur tournure d'esprit monothéiste, ils sont enfin prêts à admettre que cet homme, Jésus, est réellement d'essence [de nature] divine. L'apôtre Pierre le confesse le premier (Matthieu 16.16). Le plus lent à se laisser convaincre semble être le disciple de Jésus Thomas, dont les doutes ne s'évanouissent qu'en voyant le Christ ressuscité. Toute réticence balayée, il s'écrie alors devant Jésus : « Mon Seigneur et mon Dieu ! » (Jean 20.28). L'apôtre Jean écrit son récit de l'Evangile pour démontrer que « Jésus est le Christ et le Fils de Dieu » (Jean 20.31). Au début de son Evangile, il affirme clairement la Trinité (Jean 1.1-18). Ici la Parole est Dieu, et pourtant elle est différente de Dieu. Jésus est réellement Dieu et cependant différent du Père.

<u>Trois personnes différentes</u>

Cette différence entre les personnes de Jésus et de son Père est manifestée, par exemple, dans la prière rapportée en (Jean 17), où Jésus s'adresse à son Père. Lors du baptême de Jésus, le Père céleste rompt le silence du ciel (Matthieu 3.17). Certains pensent aux trois personnes de la Trinité comme à trois manifestations différentes du Dieu unique. Or, les conversations entre le Père et le Fils vont à l'encontre de cette idée, de même que la présence des trois personnes au baptême de Jésus : Jésus qui se fait baptiser, le Père qui parle des cieux et l'Esprit saint qui descend comme une colombe sur Jésus. Les trois personnes de la Trinité sont éternelles : cette caractéristique appartient à Dieu seul (Esaïe 9.5 ; Hébreux 9.14 ; 13.8). Elles accomplissent également les œuvres que Dieu seul peut faire : création (Genèse 1.1 ; Colossiens 1.16 ; Psaumes 104.30), salut (1Pierre 1.2) et communication de leur présence dans la vie du croyant (Jean 14.16-17,20,23). L'œuvre de jugement n'appartient pas au Père seul : Il jugera par Jésus (Actes 17.31 ; Jean 5.23). Si les personnes du Père et du Fils sont dignes d'un même honneur et qu'au ciel, elles sont l'objet d'une adoration (Apocalypse 4.11 ; 5.12-13), c'est parce qu'elles sont semblablement divines. Le Fils n'est pas moins divin que son Père. Le Fils, lors de son incarnation, n'a pas usé de sa prérogative d'être « égal avec Dieu » (Philippiens 2.6). Pour accomplir l'œuvre de notre salut, il s'est abaissé et s'est subordonné de son plein gré à la volonté de son Père, le qualifiant de « plus grand que lui » (Jean 14.28 ; Philippiens 2.7). Il n'en est pas moins divin pour autant, de même qu'un enfant n'est pas moins humain parce qu'il se soumet à son Père. Le fait que « Dieu est le chef de Christ » (1 Corinthiens 11.3) ne signifie pas non plus que le Christ soit inférieur à Dieu car, dans ce même verset, l'homme, « le chef de la femme », partage la même nature humaine qu'elle ! Ainsi, le Fils de Dieu partage la même nature divine que son Père. L'Esprit saint n'est pas non plus moins divin que le Père et le Fils. L'Esprit de Dieu partage l'essence [nature] de Dieu. Le but de son œuvre est de nous unir à Dieu dans la communion réelle, en communiquant la vie divine à nos esprits humains. Il œuvre en nous pour nous amener à glorifier Christ et à connaître le Père. La formule du baptême, instaurée par Jésus, utilise donc le « nom [singulier] du Père, du Fils et du Saint-Esprit » (Matthieu 28.19). Pourquoi ? Les trois sont un. C'est également pour cela que la bénédiction de l'apôtre Paul récapitule l'œuvre continue des trois personnes de la Trinité à notre égard (2 Corinthiens 13.13). Pour nous aider également à comprendre la Trinité, utilisons des paraboles : [la parabole de l'eau] qui est aussi trinitaire : liquide, gel, vapeur, et qui reste de l'eau sous ces trois formes ; ou [bien la parabole du soleil] : astre, lumière et chaleur [= Dieu, St Esprit et le Fils plein d'amour]. De même chacune des personnes de la Trinité a son rôle et son temps d'action différents : Dieu le Créateur et le Maître de l'Univers en tous temps, Le Fils, incarnation de Dieu, sur terre pendant un temps limité, pour opérer le salut de l'homme par sa mort et sa résurrection, et au ciel pour intercéder pour l'homme jusqu'à la fin du monde, et le Saint-Esprit, Dieu qui agit dans le cœur des hommes et dans l'Eglise, pour permettre au plus grand nombre de connaître l'amour de Dieu, jusqu'à la fin du monde. Ces trois personnes de la Divinité sont unies dans un même projet d'amour pour l'homme : lui assurer la vie éternelle avec Dieu !

Pourquoi l'étude de cette doctrine est-elle importante ? Le Père, le Fils et le Saint-Esprit sont-ils différents et égaux ? Pouvons-nous reformuler cette doctrine avec nos propres mots pour l'expliquer à d'autres ?

Chapitre 8 : La création

« *Au commencement Dieu créa le ciel et la terre* » (Genèse 1.1) Ainsi débute la révélation biblique et cette vérité vient à juste titre en première page de l'Ecriture. Elle est indispensable au thème central de la Bible : la relation entre l'homme et Dieu. Par elle, nous connaissons nos véritables origines et, à partir de là, le but réel de notre vie.

Le Dieu créateur

Le Dieu qui se révèle dans l'Ecriture comme le Tout-Puissant et l'Eternel est celui qui, d'après de nombreux passages de la Bible, a créé toutes choses (Colossiens 1.16), écrit l'apôtre Paul. Le Seigneur Jésus parle de Dieu comme un créateur de l'homme et de la femme (Matthieu 19.4). Esaïe interpelle le peuple de Dieu pour qu'il considère le Dieu créateur (Esaïe 40.26,28). Le Dieu trinitaire, l'Eternel, a conçu et mis à exécution le dessein de créer les cieux, la terre, et l'homme. Rien de cela n'existe par hasard. C'est le résultat de l'intelligence, de la communication et de l'amour entre les personnes de la Trinité, avant que la création n'existe (Jean 17.24). Dieu n'a pas créé l'homme parce qu'il lui manquait quelque chose. Dieu se suffit à lui-même. Il n'avait pas besoin de concevoir pour pouvoir aimer, car le Père a aimé le Fils avant la création. Rien ne l'obligeait à créer sinon sa nature même, car il est Amour (1 Jean 4.8). La création est donc un acte libre, une décision prise par les personnes de la Trinité (Genèse 1.26 ; Hébreux 11.3). Rien n'existait donc avant la création, à part Dieu. Dieu n'a pas utilisé une partie de lui-même pour créer. Il a créé toutes choses à partir de rien et cela par la puissance de sa Parole créatrice (Genèse 1.3 ; Psaumes 33.6,9). Telle est la puissance extraordinaire de notre Dieu ! Dieu est différent de ce qu'il a créé. Dieu est esprit ; sa création est matérielle. Dieu est éternel ; la création a un commencement. Dieu ne doit pas être confondu avec sa création. Dieu est une personne qui intervient dans sa création, qui parle à ses créatures et avec qui ses enfants entretiennent une relation personnelle. Bien que Dieu soit inséparable de sa création, il est aussi élevé : il est « parmi tous » et « au-dessus de tous » (Ephésiens 4.6). Tout en maintenant l'existence de toutes choses, il en reste complètement séparé, totalement Autre. Ensemble avec le reste de la création, nous occupons la place de créatures : à lui seul revient celle de Créateur.

<u>Le but de la création</u>

La Bible présente l'homme comme le sommet de l'œuvre créatrice de Dieu. Pourquoi la création ? Remarquons d'abord que le but premier n'est ni le bien de la création elle-même ni, par conséquent, le bonheur de l'homme. Il ne serait pas logique que les créatures soient l'objectif du Créateur. L'existence serait alors « décentrée ». Non, Dieu est et doit toujours rester le centre de toute existence, sinon celle-ci serait déséquilibrée. Il faut de l'humilité pour reconnaître notre petitesse et pour accepter notre juste place dans la création (Colossiens 1.16). La première place revient à Dieu seul. Dieu n'exige pas d'occuper le centre dans l'univers par égoïsme mais par sagesse. Aucun autre cadre d'existence ne serait satisfaisant. Dans sa sagesse, Dieu a donc établi que la création trouverait son épanouissement dans la soumission constante à sa volonté. Cette volonté, empreinte d'amour et de sa sagesse, c'est que l'homme et la création vivent dans l'harmonie et la communion avec lui, pour lui rendre gloire en reflétant son amour.

La gloire de Dieu

Le véritable but de la création est donc la gloire de Dieu. L'expression « la gloire de Dieu » signifie d'abord la nature éclatante, glorieuse de sa majesté souveraine. C'est l'ensemble de tous ses attributs, la splendeur divine de sa personne. Tout a été créé pour sa gloire, dans ce sens que son ouvrage révèle son essence [nature] éternelle (Psaumes 19.2 ; Esaïe 6.3 ;43.7). En voyant la précision du mouvement des étoiles dans l'immensité de l'univers, nous sommes émerveillés par la grandeur et la sagesse infinies de notre Créateur. En contemplons les montagnes et les mers, les fleurs et les insectes, les saisons et les moissons, nous sommes frappés par le tendre soin et l'intelligence créative de notre Dieu. Tout contribue, ou devrait contribuer, à refléter ainsi la gloire de Dieu (Psaumes 29.9). Nous, de même, créés par Dieu et pour Dieu, nous trouverons notre épanouissement en choisissant volontairement d'atteindre le but pour lequel il nous a donné la vie, c'est-à-dire de vivre pour sa gloire. Le véritable but de notre existence est de refléter la nature de Dieu par notre vie (1Corinthiens 10.31) et, par notre amour et notre adoration, de rendre à l'Eternel gloire, honneur et louange (Psaumes 29.2). Ce but sera réalisé parfaitement le jour où nous serons glorifiés et réunis à ceux qui, dans la présence de Dieu, adorent le grand Créateur (Apocalypse 4.11).

Pourquoi la doctrine biblique de la création est-elle importante ? Est-ce que Dieu a créé pour avoir quelque chose à aimer ? Pourquoi Dieu a-t-il créé ? Tout ce qui existe doit son origine à la volonté de Dieu. Quelle doit être notre attitude à cet égard ?

Chapitre 9 : Qu'est-ce que L'Homme ?

Le récit de la création (Genèse 1) s'achève avec la création de l'homme, montrant qu'il est le sommet de l'activité créatrice de Dieu. Après avoir tout préparé dans le monde pour l'arrivée de l'homme, Dieu plaça sur la terre la plus merveilleuse de ses créatures.

<u>La constitution de l'homme</u>

La Bible mentionne trois éléments particuliers de l'homme : « l'esprit, l'âme et le corps » (1Thessaloniciens 5.23). L'homme est créé à l'image de Dieu (Genèse 2.7). [Par le corps], nous entrons en contact avec nos semblables dans les relations sociales ; [L'âme] est ce que nous appellerions aujourd'hui le siège de la personnalité : par elle, nous avons conscience d'exister dans notre moi profond constitué d'intelligence, de volonté, d'affectivité ; [L'esprit] est la vie spirituelle, il permet d'entrer en relation avec Dieu. Il arrive que la Bible emploie indifféremment « âme » et « esprit ». Dans la pratique, nous ne distinguons pas l'âme de l'esprit. Nous ne sommes pas conscients de ce que fait exactement notre âme ou de quelle manière notre esprit influence notre corps. Nous sommes une unité qui se manifeste à travers ces trois éléments de notre vie, à l'image du Dieu trinitaire !

<u>La personnalité</u>

Non seulement la Genèse (ch1), mais aussi le Nouveau Testament, enseignent que l'homme est créé « à l'image de Dieu » (Jacques 3.9 ; 1Corinthiens 11.7). Cette expression significative renseigne à la fois sur la nature de Dieu et sur celle de l'homme. Il est aussi un instrument de révélation générale de Dieu. Cette ressemblance avec son Créateur marque profondément son rapport avec lui : puisque Dieu est personnel, l'homme est fait pour jouir d'une relation personnelle avec lui. C'est dans sa personnalité, et non dans son corps que l'homme est fait à l'image de Dieu, car Dieu est esprit. Et les trois aspects de la personnalité de Dieu [intelligence, affectivité et volonté] sont aussi les nôtres. Tous les hommes sont doués de facultés intellectuelles et de raison. Ils sont motivés par une multitude d'émotions, allant de la plus tendre affection à la colère la plus violente. Ils exercent aussi leur libre arbitre par des choix continuels concernant toutes sortes choses. La personnalité humaine se manifeste dans une riche variété d'activités et d'aspirations. Elle crée des œuvres originales dans tous les domaines de l'art : musique, sculpture, dessin, peinture, littérature, théâtre, etc...

La personnalité humaine permet la communication et la compréhension avec ses semblables par la parole, la connaissance et l'amour d'autrui. Elle incite à rechercher un sens, une finalité à la vie, dans la conscience intime que l'existence doit avoir un but. Elle exige le respect de sa liberté et reconnaît le même droit chez l'autre, dans un sentiment naturel de justice et de droiture. Tout ce qu'il y a de plus noble dans l'homme est à l'image d'un Dieu personnel et parfait.

<u>La sainteté et l'amour</u>

L'amour et la sainteté sont les deux principaux attributs moraux [vertueux] de Dieu. L'homme, parce qu'il est fait à la ressemblance de Dieu, est doué de sens moral. La conscience qui indique dans notre for intérieur le bien à accomplir et le mal à éviter, fait certainement partie de l'image de Dieu dans l'homme. A l'origine, l'homme sans péché jouissait d'une bonne conscience, il incarnait la sainteté et l'amour de son Créateur. Que l'homme ait été créé saint et moralement bon se trouve confirmé par l'accord de Dieu sur sa création toute entière (Genèse 1.31). Il n'aurait pu s'exprimer ainsi s'il se trouvait dans l'homme le moindre penchant au mal, la moindre désobéissance intérieure à la volonté de Dieu. L'homme n'est donc pas pécheur au moment de sa création, il le devient plus tard, par un choix malheureux, qu'il est libre de faire ou de ne pas faire, et contre lequel Dieu l'a pourtant mis en garde. Au commencement, donc, l'homme est créé juste et saint, et jouit d'une communion intime avec son Créateur. (Genèse 2.18), cela ne signifie pas que quelque chose était mauvais en l'homme. Dieu ne déplore alors que sa solitude temporaire, parce que, fait à l'image d'un Dieu d'amour, l'homme a besoin d'aimer. Il aime Dieu, bien sûr ; cependant il a besoin d'un partenaire à son niveau, en tout point semblable à lui. C'est alors que Dieu crée la femme, le vis-à-vis, le conjoint, l'aide de l'homme tirée de son côté et non de sa tête ou de ses pieds, c'est-à-dire ni supérieure, ni inférieure mais égale à lui. Un Dieu trinitaire ne s'est pas contenté d'un seul être créé à son image (Genèse 1.26-27). Et en leur disant de se multiplier (Genèse 1.28), Dieu institue le mariage, par lequel il met ses créatures en état de créer à leur tour des enfants à leur ressemblance. Quelles créatures glorieuses que cet homme et cette femme, faits à l'image et à la ressemblance de Dieu, saints, sans péché, s'aimant réciproquement et aimant Dieu, vivant dans sa communion et jouissant de son approbation (Psaumes 8.6) ! L'homme fut en réalité « l'image de la gloire de Dieu » (1Corithiens 11.7). L'homme existe donc pour refléter la gloire de Dieu, sa sainteté et son amour. Tant qu'il poursuit ce but, il est un être glorieux. Qu'il jouisse de sa gloire humaine personnelle n'est cependant pas l'objectif premier de Dieu. L'homme doit plutôt glorifier son Créateur par sa vie irréprochable. L'homme existe pour manifester le saint amour de Dieu dans sa vie, en vivant en étroite communion avec lui. Ainsi, heureux de servir à la gloire de Dieu, il apparaît dans toute sa splendeur de créature et connaît le complet épanouissement de sa personnalité. Bien que nous soyons très éloignés des conditions idéales qu'ont connues Adam et Eve avant le péché, le but de notre existence n'a pas changé. Notre âme [intelligence, affectivité, volonté et conscience] ne sera comblée qu'en menant une vie en communion avec Dieu, le connaissant comme notre Père céleste, recevant son amour et y répondant, nous consacrant à faire sa volonté, vivant dans sa sainteté devant Dieu et dans l'amour envers autrui. De la sorte, Dieu sera manifesté et glorifié dans notre vie et nous exprimerons l'adoration qu'il est digne de recevoir. Ainsi devrait s'accomplir ce qu'est, selon la pensée de l'Ecriture, le but principal de l'homme : « glorifier Dieu et se réjouir en lui pour toujours ».

Que signifie le fait que nous soyons créés « à l'image de Dieu » ? L'homme est une trinité : qu'en pensez-vous ? Pour quelles raisons l'homme était-il une créature glorieuse avant la chute ? Quel est le but de la vie de l'homme, c'est-à-dire de notre vie ?

Chapitre 10 : Le péché ou le mal

Si l'homme a été créé saint et bon, un changement radical est de toute évidence intervenu depuis lors dans son existence. Il s'est moralement corrompu [abîmé, brisé et cassé] et cela est à reprocher au péché (Romains 5.12) : le péché ne s'y trouvait pas à l'origine. La Bible précise que c'est par un seul homme, Adam, que le péché est entré dans le monde. Ainsi, l'homme, tel qu'il est maintenant, pécheur, n'est plus cette personne sainte et aimante qu'il fut au moment de sa création.

Le choix du mal

Adam est créé sans péché mais non sans liberté. Dieu veut que sa créature l'aime réellement : un amour forcé n'est pas un amour réel. Dieu a donc créé un être personnel, véritablement libre, capable de choisir s'il va aimer ou non son Dieu. L'homme est libre de choisir s'il va obéir ou non à Dieu. Dieu aurait pu créer l'homme comme un robot programmé pour exécuter ses décrets, mais il n'aurait pas reçu l'adoration et l'amitié d'une telle créature. L'homme, de son côté, n'aurait pu connaître et expérimenter l'amour de Dieu s'il avait été une machine sans personnalité. Dieu ne crée ni le mal, ni le pécheur. Sa créature a le choix effectif entre le bien et le mal. Dieu le place dans le jardin d'Eden et dispose les choses afin de pouvoir constater la réalité de son amour obéissant. Il lui donne la liberté de manger du fruit de tous les arbres du jardin, à l'exception d'un seul. Cet arbre interdit est vraisemblablement un arbre fruitier comme les autres, appelé « l'arbre de la connaissance du bien du mal » (Genèse 2.9). Dieu interdit formellement à Adam d'en manger le fruit. S'il y touche, il connaîtra ce qui est le mal, par distinction d'avec le bien dans lequel il baigne jusqu'alors. La mort suivra, comme une conséquence inévitable de sa désobéissance au Dieu de la Vie. On ne peut pas dire que la mort est une punition de Dieu pour la désobéissance de l'homme : Dieu ne veut la mort de personne ! (Ezéchiel 18.32). Simplement en se séparant du Dieu de la Vie, l'homme en conséquence ne peut subir que la mort. Petite parabole : le touareg dans le désert voit un puits qui peut le désaltérer, mais s'en écarte en croyant être assez fort pour atteindre l'oasis prochaine, or il se perd dans les sables et… meurt ! Quand on se détourne de la Vie, on court à la mort ! Heureusement Dieu a placé une eau vive en Jésus, pour notre salut ! Ainsi, librement et consciemment, Adam et Eve choisirent de désobéir à Dieu, et introduisirent le péché dans le monde. Ce virage de l'homme vers le péché est communément appelé [chute ou rupture].

La définition du péché

Le mal est différent du péché. C'est un concept plus général. Il inclut ce qui n'est pas bien, les choses mauvaises tant sur le plan personnel que social. Le terme [péché] est spécifique à la relation de l'homme vis-à-vis de Dieu. Le péché peut se définir comme une séparation d'avec Dieu, un manque de conformité à la volonté de Dieu, en acte, en parole, en attitude ou en pensée. Cette définition montre que la volonté de Dieu détermine ce qu'est le péché. Accomplir la volonté de Dieu, c'est la sainteté ; lui désobéir, c'est pécher. D'ailleurs le péché peut être actif ou passif. Ce qui pousse à transgresser une exigence de Dieu s'appelle la désobéissance volontaire. Par le péché d'ignorance, on s'abstient de faire ce qu'exige un commandement de Dieu : c'est une désobéissance involontaire. Il se peut que nous péchions par défaut plus que par transgression et plus souvent inconsciemment que consciemment, également plus souvent en pensée qu'en acte. L'inconverti pèche même continuellement par son attitude : opposition à Dieu, endurcissement de la conscience, insoumission à la volonté de Dieu, ressentiment et haine. Voilà autant d'états d'âme pécheurs (Esaïe 64.5 ; Ecclésiaste 7.20). Nous aimerions échapper à une telle conclusion.

L'universalité du péché

La Bible est formelle : « Tous ont péché » (Romains 3.23 ; 1Rois 8.46). Et si, nous sommes tentés de croire que nous n'avons pas péché, nous nous séduisons nous-même (1Jean 1.8,10 ; Romains 3.10-12). La source humaine étant empoisonnée par le péché, le fleuve entier est pollué. En effet, lorsqu'Adam et Eve deviennent pécheurs, toute la race humaine devient pécheresse. Vous et moi, nos enfants, nos parents, nos voisins, bref, les habitants du monde entier, sans aucune exception, tous, nous sommes séparés de Dieu, pécheurs à ses yeux. Le sombre diagnostic de l'Ecriture précise encore que, non seulement nous sommes pécheurs par nature, mais que nous commettons aussi des actes contraires à la volonté de Dieu. Notre problème fondamental d'hommes devant Dieu est donc double : d'abord nous sommes pécheurs de nature : notre corruption [descente ou tombée] morale nous entraine loin du Dieu saint, et ensuite nous commettons des péchés : c'est le problème de notre culpabilité devant un Dieu juste. Ce double problème trouve sa solution dans l'œuvre du salut opérée par le Dieu d'amour. Il est important de bien distinguer entre péché [mot au singulier] /séparation d'avec Dieu = état de l'homme, et ses conséquences : les péchés [mot au pluriel] = actes, pensées, désobéissances. L'inconverti n'a pas conscience de son état de péché devant Dieu, et il croit n'avoir commis aucun péché (« Je n'ai pas tué, pas volé, etc...) il se croit saint et pur, alors qu'il est séparé de Dieu, donc pécheur, comme tout humain ! C'est pour changer cet état que Jésus est venu vivre parmi les hommes comme un homme saint et en communion avec Dieu, donc sans péché.

La gravité du péché

Le péché est si néfaste que les conséquences en ont été dégoûtantes. Gardons-nous donc de la réaction superficielle de l'homme qui ne voit rien de bien grave dans le péché. Nous devons absolument comprendre l'attitude du Dieu saint à l'égard du péché et adopter la même (Romains 12.9 ; Psaumes 97.10), car Dieu lui-même déteste le péché (Proverbes 6.16-19 ; Esaïe 61.8 ; Zacharie 8.17). Sa sainte nature réagit contre le péché qui a gâché son œuvre glorieuse et sa colère s'enflamme infatigablement contre cette séparation qui a ruiné sa belle création et a éloigné de lui l'homme qu'il aime tant. La révélation sur le péché est terrible, solennelle. Le dommage qu'il a causé est sérieux et grave. Les conséquences sont énormes et redoutables pour nous tous. Heureusement, quelque profond que soit le drame, la solution apportée par Christ n'en est pas moins glorieuse (Romains 5.20).

Comment le péché est-il entré dans le monde ? Réfléchissons ensemble au portrait que donne la Bible de la race humaine pécheresse ? Pourquoi est-il faux de tenir Dieu comme responsable du péché ? Quelle est la gravité du péché ?

Chapitre 11 : Les conséquences du péché

Un seul acte peut provoquer un enchaînement de circonstances qui en allongent énormément l'importance. Il en fut ainsi du premier péché de l'homme et il en fut de même de l'acte fondamental de la mort expiatoire de Jésus-Christ (Romains 5.18-19).

<u>Adam notre père</u>

La Bible montre que le péché d'Adam [premier homme] a une double influence sur la race humaine tout entière. Premièrement, Adam étant à la tête de la race humaine, sa désobéissance en a changé radicalement la nature. En Adam, l'humanité est devenue pécheresse. Dieu a créé Adam et Eve sans péché. Par leur désobéissance, la race entière est tombée dans le péché. Désormais, l'homme sera entaché [Sali, pollué, contaminé] de péché. Adam et Eve ont été créés à l'image de Dieu. Après la chute, Adam, pécheur, « engendra [un fils] à sa ressemblance, selon son image » (Genèse 5.3). L'homme descendant d'Adam n'est plus l'image parfaite d'un Dieu saint : il est devenu pécheur. Donc, « par la désobéissance d'un seul homme, beaucoup [c'est-à-dire tous] ont été rendus pécheurs » par nature. Nous héritons tous de nos parents une nature pécheresse. Le psalmiste le reconnaît : « Je suis né dans la faute, et ma mère m'a conçu dans le péché » (Psaumes 51.7). Il parle de la nature pécheresse dans laquelle il est né. Et cette nature pécheresse est transmise de génération en génération (Job 14.4). Nous naissons donc tous pécheurs, avec un penchant pour le mal et cette tendance se manifeste très tôt dans la vie, comme le savent tous les parents ! Il n'est pas nécessaire d'enseigner l'égoïsme et la méchanceté à un tout petit. D'ailleurs, l'enfant dit souvent non, avant de dire oui ! (Psaumes 58.4).

Le péché originel

Dans la théologie chrétienne, cette corruption intérieure de tout homme est appelée le « péché originel [naturel] ». C'est l'état naturel de l'homme, qui découle du premier péché d'Adam, qui est appelé la « chute ou la rupture de l'homme] avec Dieu. Le « péché originel » est quelque chose dont nous souffrons tous. C'est l'état de corruption morale de nos cœurs, qui est nôtre dès la naissance. Cette corruption est une des conséquences du péché d'Adam et elle souille toute sa postérité [descendance]. La Bible utilise le mot « cœur » pour désigner le centre et la totalité de notre personnalité ou de notre âme (Jérémie 17.9 ; Marc 7.21-22). Ce diagnostic sur la méchanceté du cœur de l'homme n'est pas démodé de nos jours et il était déjà valable au début de l'humanité (Genèse 6.5).

La chair

La Bible utilise aussi un autre terme, la « chair », pour parler de cette nature pécheresse, innée en nous. Il faut préciser que l'Ecriture parle souvent de la chair [physique] du corps humain qui, elle, n'est nullement mauvaise. Mais quand le mot est utilisé dans un sens négatif, il signifie la tendance vers le mal, notre nature de pécheur (Galates 5.19-21). Cette liste de péchés produits par la « chair » devrait suffire à démontrer qu'il ne s'agit pas uniquement de péchés sexuels [adultère, convoitise de la femme de son prochain, pornographie et autre]. En effet, les « convoitises de la chair » sont tous les désirs provenant de notre cœur égoïste et méchant, et tout acte pécheur trouve son origine dans les mobiles [motivations] impures de la « chair ». Même quand l'homme pécheur arrive à faire de bonnes actions, qui font un réel bien aux hommes, les mobiles [motivations] de la chair, notamment l'orgueil et l'égoïsme, gâchent la pureté de ces actes aux yeux de celui qui sonde les cœurs (1Samuel 16.7).

La communion rompue

De même qu'Adam et Eve, après leur péché, sont chassés du jardin d'Eden et exclus de la joie de la présence de Dieu, de même la race humaine est coupée de ce contact d'amitié avec Dieu pour lequel elle a été créée. Triste conséquence de la chute [rupture] avec Dieu, l'homme ne marche plus en communion intime avec Dieu. Le péché se dresse comme une barrière entre l'homme et Dieu (Esaïe 59.1-2). L'amour de Dieu pour l'homme reste inchangé, mais il ne peut y avoir de communion avec celui qui demeure dans le péché. L'homme ne peut plus jouir de l'amitié de Dieu et tombe sous sa colère.

La "colère de Dieu" est une expression "anthropomorphique" [humanisée] c'est-à-dire qui attribue à Dieu des attitudes ou des sentiments humains. Or l'Évangile, qui exprime tout l'amour immense de Dieu pour l'humanité ainsi que son désir de la voir sortir de son état lamentable, nous conduit à regarder autrement la "colère " de Dieu : n'est-ce pas plutôt l'irritation, la souffrance de Dieu face aux mauvais choix de sa créature bien aimée ? Cette "colère" ne s'oriente pas contre l'humain, mais contre ses mauvais choix !

Le déplaisir constant du Seigneur pèse sur tout homme pécheur (Jean 3.36). L'homme pécheur est même ennemi de Dieu. Il est contrôlé par sa nature pécheresse au point d'être « esclave du péché », dit Jésus (Jean 8.34 ; Romains 8.7-8). Quel triste tableau !

<u>Adam notre représentant</u>

A la corruption de la nature humaine transmise à tous les descendants d'Adam par [la chute] sa rupture avec Dieu, s'ajoute une deuxième conséquence, décrite en (Romains 5.12,18). La Bible dit que la condamnation méritée par le péché est la mort. Tous meurent parce que tous participent à cette condamnation initiée par Adam. Pour clarifier le propos, l'histoire de David et Goliath (1Samuel 17) illustre [montre bien] ce principe. Un seul combattant représentait chacun des deux peuples. Si Goliath tuait David, tous les Philistins auraient vaincu Israël et si le représentant d'Israël gagnait, tout le peuple en aurait le bénéfice. En fait, non seulement Adam représente la race humaine, mais avec Eve il est, à l'époque, l'humanité tout entière. Quand Adam échoue, ses descendants en subissent les conséquences. Dieu lui avait donné la liberté de choix de vivre avec Lui ou de vivre sans Lui. C'est le même choix qui est offert à chacun, de génération en génération, mais comme Adam nous a transmis une nature pécheresse, nous répétons naturellement son mauvais choix. C'est pourquoi, pour sortir de cette fatalité, Dieu est venu en Jésus-Christ vivre le même choix en homme saint et pur, et par sa victoire sur le mal il nous a libérés de notre condamnation à mort. Dans (Romains 5) en effet, l'apôtre Paul parle d'un « autre homme », qui, en vertu du même principe, c'est-à-dire comme représentant de l'humanité, reprend le combat et le gagne : cet homme, c'est Jésus-Christ, le nouvel Adam. Par sa vie sans péché [souillure] et son œuvre suprême de justice qu'est sa mort sur la croix, il sauve du péché et de la condamnation, et son salut s'étend à tous les hommes. Jésus devient ainsi le chef d'une race nouvelle, qui devient son peuple.

Comment se fait-il que tout homme soit pécheur ? A quel point le péché a-t-il atteint l'homme ? Quelle a été la conséquence du péché pour l'homme ? Quelle attitude Dieu peut-il avoir envers une race aussi pécheresse ? Cette doctrine n'est pas des plus faciles. Quels arguments ou quelles vérités bibliques peuvent aider les gens à l'accepter ?

Chapitre 12 : La Loi de Dieu

Notre compréhension de la loi de Dieu repose sur ce que la Bible enseigne à ce sujet. Jésus résume le contenu de l'Ancien Testament dans les trois expressions suivantes : « la loi de Moïse », « les prophètes » et « les psaumes » (Luc 24.44). Il est pratiquement impossible de bien comprendre le message de l'évangile du Christ sans une certaine connaissance de la loi de Dieu révélée par Moïse. Le même verset qui annonce que « la grâce et la vérité sont venues par Jésus-Christ » affirme aussi que « la loi a été donnée par Moïse » (Jean 1.17). La loi constitue l'arrière-plan indispensable pour mettre en relief le message de la grâce.

<u>Les dix commandements</u> : Dans l'Ancien Testament, l'expression « la loi de Moïse » est parfois employée pour signifier l'ensemble des cinq premiers livres de la Bible : (Genèse), (Exode), (Lévitique), (Nombres) et (Deutéronome),

écrit par Moïse. Mais on y trouve aussi des événements historiques. Même quand l'expression se réfère aux commandements et aux lois que Dieu donne au peuple d'Israël par Moïse, il faut encore faire une distinction :
- Certaines lois sont *d'ordre cérémoniel* et traitent de la pratique du culte israélite, avant la venue de Jésus-Christ. Ces lois se trouvent notamment dans le livre du (Lévitique) et elles concernent les devoirs des prêtres-sacrificateurs, les rites, les cérémonies et sacrifices à accomplir au bénéfice du peuple d'Israël.
- D'autres lois sont *d'ordre civil* : dans tous les pays, des lois contrôlent la vie civile des citoyens ; celles de Moïse traitent des obligations de la vie civile du peuple d'Israël. Il donne par exemple, des directives quant au traitement humain des esclaves, des prescriptions pour un jugement équitable des accusés, et bien d'autres détails encore.
- La troisième catégorie de lois est *d'ordre moral.* Elle nous concerne encore aujourd'hui, car elle résume en dix commandements les exigences de Dieu, applicables aux hommes de tous temps et de toutes nations. Ces dix commandements se trouvent en (Exode 20), répété en (Deutéronome 5). Deux autres commandements s'ajoutent, qui découlent de la loi. Jésus les met en valeur, lorsqu'il est question de savoir quel est le plus grand des commandements. En effet, il en choisit deux qui ne figurent pas parmi les dix mais qui sont leur fondement et sans lesquels la pratique des dix autres seraient quand même imparfaite : « Tu aimeras le Seigneur ton Dieu de tout ton cœur, de toute ton âme, de toute ta force, c'est là le premier commandement, et voici le second qui lui est semblable : tu aimeras ton prochain comme toi-même » (Matthieu 22.36-40), citant (Deutéronome 6.5) et (Lévitique 19.18). Jésus en montrant l'importance de ces

Commandements, enseigne que toute obéissance à l'un des commandements devrait découler de l'amour de Dieu.

<u>La raison de la loi de Dieu</u> : Ainsi, Dieu donne l'expression de sa volonté en ce qui concerne la conduite de l'homme. Voilà comment il faut comprendre la loi de Dieu : elle révèle la volonté de Dieu pour une vie heureuse et libre de l'homme. Cette volonté devrait contrôler la conduite de tout homme. L'homme a été créé pour accomplir la volonté du Créateur, sage et plein d'amour pour ses créatures. Cette résolution de Dieu n'est pas abstraite : elle est formulée concrètement dans ses commandements. Comme un bon Père, Dieu, pour le bien de ses enfants, pourvoit à leur besoin de savoir ce qui est permis et ce qui est interdit. Ils ne pourront trouver le vrai bonheur qu'en vivant dans ces limites. Après avoir répété les dix commandements dans le livre du (Deutéronome 5.29), Dieu exprime ainsi le désir de son cœur « Oh ! s'ils avaient toujours ce même cœur pour me craindre et pour observer tous mes commandements, afin qu'ils fussent heureux à jamais, eux et leurs enfants ». C'est parce que Dieu veut notre bonheur qu'il exige que nous gardions ses commandements.

<u>La loi ne sauve pas</u> : L'apôtre Paul enseigne que «Nous n'ignorons pas que la loi est bonne, pourvu qu'on en fasse un usage légitime » (1Timothée 1.8). Il est important de bien comprendre cet « usage ». Beaucoup, en effet, commettent l'erreur de penser que Dieu a donné la loi pour que l'homme obtienne sa faveur. La grande difficulté, pour ceux qui pensent ainsi, réside dans le fait qu'une pratique parfaite et entière pendant toute la vie est nécessaire si l'on veut gagner la faveur de Dieu. Paul en admet le bien-fondé, en disant que « ce ne sont pas ceux qui écoutent la loi qui sont justes devant Dieu, mais ceux qui la pratiquent » (Romains 2.13). Ailleurs, il démontre que cette possibilité n'est que théorique et qu'elle ne

se réalise jamais (Romains 3.10-11). Personne n'a jamais obéi parfaitement à toute la loi de Dieu et nul ne le peut. Dieu, le sachant, n'a donc pas donné la loi morale comme moyen de sauver les hommes. Elle révèle simplement les principes de la vie avec Dieu.

Le but réel de la loi : Paul pose la question : « Pourquoi donc la loi ? » (Galates 3.19). Après avoir parlé de l'usage légitime de la loi, l'apôtre clarifie sa pensée (1Timothée 1.9). Par sa loi, Dieu veut mettre le doigt sur le péché de l'homme. Les commandements sont destinés aux hommes pécheurs que nous sommes tous. Ces lois révèlent ce que Dieu aimerait pour nous et parce que nous n'arrivons pas à les observer, elles nous montrent notre désobéissance. Voilà le but que Dieu poursuit en donnant sa loi à l'humanité pécheresse. Par elle, il cherche à nous démontrer la réalité et la gravité de notre désobéissance et notre péché. L'homme a tendance à minimiser et à excuser son péché. Il n'accepterait même pas l'appellation [péché] pour beaucoup de ses actes et attitudes néanmoins coupables aux yeux de Dieu (Romains 3.20).

Le terrible constat : Dieu voit la gravité du problème de notre péché, mais l'homme ne la discerne guère. Pour qu'il accepte les mesures radicales de conversion que Dieu lui propose, l'homme doit être convaincu de la gravité de son cas. C'est en faisant face aux commandements de Dieu qu'il sera prêt à accepter le terrible constat de son état de péché : pécheur sur qui pèse dans le temps présent la « colère de Dieu » (voir ce qui a été dit sur cette expression au chapitre « les conséquences du péché), et coupable méritant la condamnation de Dieu au jour du jugement. Devant la loi sainte, qui peut dire qu'il a toujours aimé Dieu de tout son cœur et qu'il lui a accordé la première place dans tous les domaines de sa vie ? Qui peut dire qu'il a toujours aimé tous ceux qui l'entourent, qu'il n'a jamais menti, qu'il n'a jamais nourri de pensées impures ? Comme le dit la Bible (Romains 3.9-12) la situation de l'homme est grave. La loi de Dieu l'éclaire. Dieu est formel : « tous sont reconnus coupables devant Dieu » (Romains 3.19). La loi de Dieu fait donc une œuvre négative nécessaire et prépare ainsi le cœur de l'homme à recevoir avec joie l'Evangile de la grâce qui annonce le salut gratuit par la foi en Jésus-Christ. Le chrétien ne considère pas la loi de Dieu comme un moyen de salut, mais comme un moyen de prouver son amour pour Dieu, l'Esprit lui donnant la capacité d'y obéir par amour et non par obligation.

A quoi servent les dix commandements ? Quel rapport y a-t-il entre la loi, la culpabilité et la condamnation ? La loi n'est pas faite pour le juste, mais pour les méchants. N'a-t-elle donc aucune importance pour le chrétien ? Comment le converti voit-il les dix commandements ? Que signifie garder la loi selon la lettre ou selon l'Esprit ?

Chapitre 13 : La mort de l'homme

Le péché est entré comme un intrus dans le monde et la mort l'a suivi. Dieu veut que l'homme vive dans le plein sens du terme mais, s'il n'écoute pas son Créateur, il court à la mort et il reçoit donc son « salaire » (Genèse 2.16-17 ; Romains 6.23). Pour bien saisir l'enseignement biblique sur ce sujet, il faut comprendre que la Bible donne au mot « mort » trois significations : la mort physique, la mort spirituelle et la mort éternelle. L'idée sous-jacente [secondaire] à chacune est celle de la rupture, la séparation d'avec Dieu.

<u>La mort physique</u>

Le premier sens évident de la mort est le décès de ceux qui quittent ce monde (Jacques 2.26), ce qui signifie que la mort physique résulte de l'extinction de la vie qui anime le corps. Dès que le souffle de vie quitte le corps, celui-ci commence à se décomposer et retourne « à la poussière ». Le corps humain est donc mortel, corruptible [destructible], périssable. La mort physique a fait son apparition dans l'humanité pour donner suite à la désobéissance d'Adam et Eve au commandement de Dieu (Genèse 3.1-6). Tous ceux qui en sont issus sont placés sous le règne et la malédiction de la mort. Cela apparaît de manière très frappante (Genèse 5). Les premières générations dérivées d'Adam et Eve sont énumérées, avec la mention « puis il mourut » répétée comme un refrain. Cela s'avère être l'expérience universelle de l'homme (Hébreux 9.27). Nul n'y échappe. Cela fait partie de la conséquence du péché (Romains 6.23).

<u>La mort spirituelle</u>

La mort spirituelle est aussi une conséquence du péché : la séparation entre l'homme et Dieu, source de vie. Cette mort est comprise dans la conséquence du péché qui atteint l'humanité entière, puisque tout homme naît séparé de Dieu. La mort spirituelle précède même la mort physique, puisqu'elle a été appliquée au premier couple, depuis le moment de leur désobéissance (Genèse 2.17), et pourtant, Adam ne mourut pas physiquement ce jour-là. En revanche, il a été banni du jardin d'Eden et de l'arbre de vie. Sa communion vitale avec son Créateur a été interrompue par son péché et il mourut spirituellement le jour même. Depuis l'homme qui vit loin de Dieu et trouve son plaisir dans le péché est spirituellement déjà mort, quoique vivant. Un des principaux symptômes de cette mort spirituelle est le sentiment de vide intérieur ; il provient de l'absence, de l'éloignement de Dieu. Heureusement, le verset qui commence par : « le salaire du péché, c'est la mort » continue comme suit : « mais le don gratuit de Dieu, c'est la vie éternelle » (Romains 6.23). Ceux qui ont reçu cette vie éternelle par Jésus-Christ sont ceux qui étaient morts spirituellement, mais que Dieu a rendus à la vie. Dans cet ordre d'idée, lorsque le fils prodigue [dépensier] rentre à la maison, repentant [aspirant à un changement radical], son père proclame qu'il « était mort, et qu'il est revenu à la vie » (Luc 15.32). Le remède à cette mort spirituelle existe donc. En recevant le don de la vie éternelle par la foi en Christ, nous passons « de la mort à la vie » (Jean 5.24). La vie éternelle commence spirituellement déjà ici-bas, quand, par la nouvelle naissance, la communion est établie avec Dieu.

La mort éternelle

Celui qui de son vivant, n'est pas passé de la mort spirituelle à la vie, devra subir, au-delà de la mort physique, la conséquence définitive de son choix de la mort éternelle. Cette mort est appelée dans l'Apocalypse « la seconde mort » (Apocalypse 21.8 ; 2.11), car elle suit la mort physique (Hébreux 9.27). Le jugement conduit à la séparation des perdus d'avec les sauvés, mais surtout à la séparation des perdus d'avec l'amour et la communion de Dieu. Ces vérités éternelles et solennelles sont rapportées en (Apocalypse 20.12-14).

Les trois aspects de la mort sont intimement liés. L'homme pécheur qui sera demeuré dans la mort spirituelle devra passer, par sa mort physique, à la mort éternelle. Nul ne peut échapper à la mort physique, mais quiconque croit en Christ est libéré de la mort spirituelle. Dès lors, la mort physique devient pour lui une porte donnant non plus sur « l'enfer », mais sur la présence éternelle de Dieu. C'est ce qu'affirme Jésus (Jean 11.25-26).

Quelles sont les différents sens du mot « mort » ? Quelles sont les responsabilités de l'homme dans l'expression « la mort a régné » ? Pourquoi tous les humains meurent-ils ? Que signifie « la seconde mort » ? De quelle manière Dieu nous délivre-t-il des conséquences du péché ? Quelle peut être l'attitude du chrétien envers sa mort physique ?

Chapitre 14 : Le sort éternel des méchants ou impies

En étudiant « la mort », nous avons commencé à discerner l'enseignement biblique concernant ce que nous appelons « l'enfer », c'est-à-dire la mort éternelle, loin de Dieu. L'essentiel de cette situation funeste consiste en la séparation pour toujours du pécheur d'avec Dieu. La Bible affirme que « la colère de Dieu demeure » sur celui qui ne croit ni n'obéit au Fils de Dieu (Jean 3.36). Cette sainte colère de Dieu éclatera contre les pécheurs au « jour de la colère et de la révélation du juste jugement de Dieu » et «rendra à chacun selon ses œuvres » ; ils subiront « tribulation et angoisse » (Romains 2. 5-6, 9) parce qu'ils comprendront enfin mais trop tard ce qu'ils ont manqué toute leur vie, la communion d'amour avec un Dieu qui voulait leur vie, et ils s'en mordront les doigts, retournant leur colère contre Dieu et ses saints (Apocalypse 20.9).

Beaucoup sont effrayés par cet enseignement et ne veulent pas en entendre parler. Il leur est difficile, au premier abord, de concilier leur conception [façon de penser] de « l'enfer » influencée par des siècles d'imageries populaires terrifiantes avec celle d'un Dieu d'amour et de miséricorde. Ils préfèrent retenir la notion d'un « Dieu amour » et refusent la doctrine, jugée trop sévère, de la mort éternelle. Cependant, la Bible, qui révèle la gloire de l'amour et de la miséricorde de Dieu le Père, révèle également la sainteté et la justice de Dieu le juge. Le Seigneur Jésus, qui fait connaître la grâce de son Père, parle également beaucoup du sort des impies. D'ailleurs, quand on les comprend correctement, ces deux vérités ne sont pas contradictoires ; elles sont complémentaires. Oui, Dieu réprime le Mal et Satan son responsable, mais il sauve les hommes ! Sa justice est réparatrice et non répressive ! Et comment comprendre l'amour du Dieu Sauveur sinon par rapport au sort terrible dont il nous sauve, en le supportant lui-même à notre place, en la personne de son Fils sur la croix ?

<u>Après la mort le jugement</u>

Que se passe-t-il au-delà de la mort physique ? La Parole de Dieu répond avec clarté à cette question (Hébreux 9.27). Mais nous reprendrons le thème du jugement plus tard. Il suffit de dire ici que le Créateur qui donne la vie et la liberté, nous accorde aussi sa loi avec ses exigences. Un jour viendra où, Jésus comme juge (Jean 3.18) pourra dire : "celui qui croit au

Fils n'est pas jugé " mais les impies auront à rendre compte de leur vie et de leurs choix ! (Romains 14.12). Dans toute la Bible, il est question du jugement de Dieu et ce jugement conduit à une division entre les hommes. L'humanité entière est divisée en deux camps : les sauvés et les perdus, et, quand le jour viendra, Dieu les séparera les uns d'avec les autres (Matthieu 25.32). Au-delà de la mort physique, la Bible ne connaît que deux sorts : la vie éternelle avec Dieu (= le ciel) ou la disparition définitive (= « l'enfer »).

Avec Christ ou séparé de Christ

Les pécheurs repentis qui, de leur vivant, ont reçu le salut qu'apporte Jésus, seront recueillis auprès de leur Sauveur après la résurrection. La joyeuse espérance du chrétien est de voir son Seigneur face à face, et d'être avec lui pour toujours. Après sa résurrection, lors de son ascension [son élévation], Jésus est monté au ciel auprès de son Père. C'est là que le pécheur racheté rejoindra son Sauveur. La mort physique ne devrait pas être un sujet d'épouvante pour celui qui est sauvé. Pour lui, mourir, c'est le bonheur d'aller sûrement auprès de Christ (Philippiens 1.23). Celui qui n'a pas reconnu ni voulu de la miséricorde et du pardon de Dieu, en revanche, a raison d'avoir peur de la mort, car pour lui, après la mort, il n'y a plus moyen d'échapper à « la condamnation de la géhenne » (Matthieu 23.33). L'apôtre Paul parlait de cet état de perdition comme étant « anathème [et séparé] du Christ » (Romains 9.3 ; 2 Thessaloniciens 1.9). Dans ces deux passages, l'apôtre nous éclaire sur le caractère de « l'enfer » : être banni pour toujours d'une relation harmonieuse avec le Dieu d'amour, dont seule la présence peut nous rendre vraiment heureux.

L'amour de Dieu nous avertit : Certains se méprennent sur la signification des paroles bibliques au sujet de « l'enfer[1] », les interprétant comme des menaces d'un Dieu de colère contre ceux qui ne se soumettent pas à ses commandements. Mais la lumière jetée par la Bible sur la compassion du cœur de Dieu devrait nous faire comprendre les avertissements au sujet de l'enfer d'une tout autre façon (2 Pierre 3.9 ; Ezéchiel 18.32). C'est donc pour nous éviter ce malheur éternel, par amour, qu'il nous montre, par des images concrètes, la gravité du danger que nous encourons. On n'imagine pas faire évacuer, avec succès, un hôtel en flammes en frappant gentiment à la porte de chaque chambre, s'excusant du dérangement imprévu et suggérant que peut-être les clients devraient avoir la gentillesse de quitter le bâtiment et qu'il serait dans leur intérêt de le faire le plus rapidement possible [j'ai travaillé plus de dix ans dans la sécurité incendie !]. A bien des reprises, dans les évangiles, nous pouvons percevoir avec quelle passion anxieuse Jésus avertit les pécheurs du danger de « l'enfer » (Matthieu 5.29 ; 7.13). Jésus veut de tout son cœur, nous garder de tomber dans ce qu'il appelle « le feu de la géhenne » (Matthieu 5.22), et de connaître « les pleurs et les grincements de dents » (Matthieu 8.12) devant ce sort éternel (Matthieu 25.46).

C'est en (Luc 16.19-31) que Jésus donne l'avertissement le plus frappant et le plus clair de la nécessité de faire le bon choix dès cette vie, en parlant de deux hommes, l'un sauvé et l'autre perdu. Lazare, le sauvé, se trouve en compagnie d'Abraham, le père des croyants et est consolé après sa vie difficile. Le riche,

---

[1] Le mot « enfer » vient de l'expression biblique « les lieux inférieurs » qui désigne le lieu sous terre où on enterre les morts, sans aucune idée de feu ni de souffrances.

cependant, se trouve en enfer et souffre cruellement, en proie aux tourments. Jésus déclare, dans ce passage, qu'après la mort et le jugement qui suit, il n'est plus possible de revenir en arrière. Il est trop tard pour changer quoi que ce soit : les deux classes sont séparées pour toujours. Entre-les sauvés et les perdus, dans l'au-delà, se trouve un grand abîme, afin que ceux qui voudraient passer d'un camp à l'autre ne puissent le faire ; c'est l'image qu'emploie Jésus, dans le but d'avertir les pécheurs qu'ils écoutent les Ecritures et qu'ils se repentent dès leur vie sur cette terre.

Une juste sanction

Nous verrons plus en détail plus tard, la relation entre la juste sanction du péché et l'amour et la compassion du Dieu Sauveur. Bien que certains aspects de cette révélation concernant l'enfer soient difficiles à accepter, notre conscience rend témoignage de ce que les injustices flagrantes de cette vie devront être redressées un jour. Nous pouvons quand même avoir la certitude que personne ne souffrira injustement lors du jugement de la part de celui qui connaît tous les cœurs (Genèse 18.25). Dans sa justice, Dieu révèlera à tous strictement le choix de la vie de chacun, ni plus ni moins (Romains 2.6). Dieu serait-il juste et bon s'il obligeait quelqu'un à aller au ciel alors que, toute sa vie, cette personne a blasphémé contre Dieu et a vécu dans le péché, sans aucun souci de faire sa volonté ? Dieu accepte le choix que l'homme aura fait de son vivant. A-t-il choisi de vivre sans Dieu ? Alors, il disparaîtra pour toujours car loin du Dieu de la Vie, c'est la mort éternelle. S'est-il repenti, est-il parvenu à aimer Dieu? Alors, Dieu l'accueillera dans son foyer [royaume] d'amour céleste.

Comment comprendre alors les allusions suivantes dans l'Ecriture : « l'étang de feu où brûle le soufre », « l'étang de feu et de soufre » (Apocalypse 19.20 ; 20.10), le lieu « où le feu ne s'éteint pas » (Marc 9.44), « le feu éternel préparé pour le diable et pour ses anges » (Matthieu 25.41) ? Ces expressions sont-elles à prendre au sens littéral ? Il vaut peut-être mieux laisser cette question ouverte ; que leur sens soit littéral ou symbolique, elles indiquent le terrible sort de celui qui sera banni de la présence et de l'amour de Dieu. Il importe de comprendre que la juste et sainte sanction du péché est de souffrir dès ici-bas, moralement et spirituellement, voire physiquement, de telles angoisses [le remords, le désespoir, etc.] dont seule la description d'un feu éternel peut faire ressentir l'horreur. Quelle révélation de la gravité du péché aux yeux d'un Dieu saint ! Et quelle révélation glorieuse de la grâce de Dieu que de penser qu'il opère le salut en faveur de ceux qui auraient subi ce sort s'ils ne l'avaient pas reconnu comme leur Sauveur. Et cela, en subissant la mort à leur place ! Ainsi, compris à la lumière de la croix, le sort de l'homme après la mort devient une révélation profonde de l'amour du Sauveur Jésus-Christ : en effet, la grandeur de l'amour peut se mesurer au degré de souffrance que l'on est prêt à supporter pour le bien de la personne aimée !! Jésus a montré son amour en allant jusqu'à mourir pour les hommes !

Quel est le lien entre la révélation biblique concernant « l'enfer » et celle concernant la bonté et l'amour de Dieu ? De quelle façon cette doctrine éclaire-t-elle la croix de Christ ? Quelles conséquences pratiques découlent de la vérité sur l'enfer ? Après l'étude de ce thème, quelle image de Dieu se forme en moi ? Ai-je de la crainte ou de l'espérance à l'idée de mourir et de « voir Dieu face à face?

Chapitre 15 : La grâce de Dieu

Quand un bijoutier veut mettre en valeur les beautés d'un joyau précieux, il l'expose sur un fond de velours noir. Ce n'est que sur le fond de la compréhension du péché et de sa sanction que nous pouvons apprécier à sa juste valeur la grâce de Dieu, joyau par excellence de la révélation de Dieu. Si ce que nous avons vu auparavant [les conséquences du péché, la mort, la disparition éternelle] paraît sombre, négatif et décourageant, c'est pour nous amener à mieux saisir la signification et l'importance de « la grâce de Dieu, source de salut pour tous les hommes » (Tite 2.11).

Le Dieu de grâce

La grâce est avant tout un attribut de la nature divine. Nous pouvons parler de sa grâce, comme nous parlerions de son amour, de sa puissance, de sa sainteté, c'est-à-dire comme d'un aspect de son caractère personnel. La grâce de Dieu, c'est son attitude d'amour envers les méchants, les pécheurs, les rebelles que nous sommes tous, pour leur épargner le sort qu'ils méritent et leur accorder des faveurs qu'ils ne méritent pas. En Dieu, la grâce est cette perfection selon laquelle il aime ses ennemis, perfection que Jésus souligne quand il nous enseigne (Matthieu 5.44-45) d'aimer nos ennemis et de ressembler ainsi au Père céleste. Dieu s'était déjà révélé dans l'Ancien Testament comme « Dieu compassion et qui fait grâce » (Exode 34.6 ; Joël 2.13 ; Jonas 4.2). Dieu fait grâce parce qu'il est un Dieu de grâce, un Dieu qui persiste à aimer même ceux qui n'en sont pas dignes.

La faveur imméritée de Dieu

Parce qu'il a un cœur généreux et compatissant, Dieu veut accorder son amour et ses bienfaits aux hommes, quels qu'ils soient. A cause de sa nature pleine de grâce, il est disposé à accorder ses faveurs et surtout sa faveur par excellence, son pardon et son salut, aux hommes sujets de sa grâce. Les hommes pécheurs, par leur état de pécheur, ont perdu toute prétention à l'amour de Dieu et tout droit à sa faveur. S'ils veulent paraître devant Dieu, ils doivent comprendre qu'à ses yeux ils ne méritent ni son amour ni sa faveur ni son pardon, mais plutôt sa juste et terrible sanction. Quel message d'espoir peut-on apporter à un pécheur qui mérite « l'enfer » et qui ne peut faire quoi que ce soit pour gagner l'approbation de Dieu ? Pour les pécheurs que nous sommes tous, il n'y a pas d'espoir, si ce n'est en cette glorieuse révélation biblique : Dieu est un Dieu de grâce, disposé à accorder sa faveur à ceux qui ne le méritent pas.

L'amour de Dieu agissant

Un autre élément de cet attribut de Dieu est qu'il l'incite à agir. L'amour ne peut rester inactif. Dans sa grâce, Dieu est non seulement prêt à accorder ses faveurs, mais il agit de façon à pouvoir l'accorder. Par l'expression « grâce de Dieu, source de salut » (Tite 2.11), l'apôtre Paul enseigne que toute l'œuvre que Dieu a accomplie en Christ pour notre salut est l'expression de sa grâce. Si Dieu n'avait été un Dieu de grâce, il n'y aurait jamais eu de salut pour l'humanité rebelle. Le terme traduit par « source de salut » peut aussi être traduit par « qui apporte le salut ». La grâce de Dieu est active : elle l'a conduit à entreprendre l'œuvre grandiose de l'incarnation, de l'expiation, de la rédemption et ce, pour le bénéfice de créatures indignes. Il n'est pas surprenant qu'en exposant cette œuvre de salut (Éphésiens 1), l'apôtre proclame qu'elle vise à « célébrer la gloire de sa grâce » (v.6). Car la grâce de Dieu est à l'origine de notre salut : sans elle, nous serions une race perdue sans aucun espoir.

La grâce de Christ

C'est dans la personne et l'œuvre de son Fils que Dieu agit par grâce pour accomplir le salut des hommes. En (Jean 1.17), l'apôtre Paul résume les deux grandes périodes de l'histoire sacrée, celles de l'ancienne et de la nouvelle alliance : « La loi a été donnée par Moïse » : c'est la préparation indispensable au salut ; «la grâce et la vérité sont venues par Jésus-Christ » : c'est la réalisation du salut. Jésus, venant humblement dans un monde pécheur pour nous sauver, est l'incarnation de la grâce de Dieu (2Corinthiens 8.9). Ce don extraordinaire du Père à un monde indigne montre l'aspect merveilleux de sa grâce. Mais il y a plus : ce don suprême est aussi envoyé vers ceux qui vont le rejeter, le crucifier. Bien qu'il l'ait su d'avance, Jésus est néanmoins venu et, « par la grâce de Dieu, il a goûté la mort pour tous » (Hébreux 2.9). Voilà son amour actif pour les pécheurs qui méritent sa colère.

C'est par la grâce que nous sommes sauvés

Par cette œuvre de rédemption de Christ, Dieu accorde le pardon et le salut aux humains dépourvus de mérite. Nul ne peut recevoir le salut grâce à ses œuvres, nul ne peut donc le mériter (Ephésiens 2.8-9). Le « Dieu de toute grâce» (1Pierre 5.10), qui a donné le Sauveur à un monde indigne, ne change pas d'attitude quand il s'agit d'offrir son salut aux individus. De même que Jésus est le don de Dieu, ainsi en est-il du salut. Il est offert gratuitement aux pécheurs, par pure grâce. La grâce, la gratuité de la faveur de Dieu, reste donc son principe d'action quand il accorde le salut. Ce n'est pas par nos œuvres ou nos mérites (Romains 4.4). Si le salut s'obtenait par les œuvres, ce ne serait plus une grâce, mais un salaire mérité. Or, le salaire que nous méritons, c'est la mort. La vie éternelle, au contraire, est un don gratuit (Romains 6.23), accordé au croyant par grâce (Romains 11.6). Les deux principes [œuvre/grâce] s'excluent donc en ce qui concerne la notion du salut. Si c'est par grâce, c'est donné par Dieu sans tenir compte de ce que l'homme mérite. Si c'est par les œuvres, on ne peut plus parler de la grâce : la grâce n'en serait plus une. Il est très difficile à l'orgueil humain d'admettre que l'on ne mérite pas son salut, qu'on ne peut gagner son paradis en récompense de ses œuvres. Sauf erreur, toute religion du monde qui parle d'un salut, l'offre à celui qui le mérite. Seule la Bible s'attaque à cette racine du péché qu'est l'orgueil, en enseignant que le salaire que nous méritons pour nos péchés, quelles que soient nos bonnes actions, c'est la condamnation d'un Dieu juge et juste. Seule la Bible révèle cette vérité ô combien merveilleuse que, alors que je suis le sujet de la colère de Dieu, Dieu est disposé, dans sa grâce, à m'accorder le pardon complet de mes péchés. Et il a envoyé son cher Fils Jésus-Christ à la croix pour pouvoir nous offrir cette faveur éternelle. Il n'est pas étonnant, dès lors, que les premiers chrétiens, tout habités de joie, exaltent ce si grand salut (Ephésiens 1.6-8). Le salut ne s'obtient pas par les œuvres (Ephésiens 2.9), mais par grâce, afin que toute la gloire revienne à Dieu.

Peut-on définir ce qu'est « la grâce de Dieu » ? Pourquoi « la grâce de Dieu » est-elle importante ? Quel est le raisonnement humain derrière le désir de faire valoir nos mérites devant Dieu ? Comment comprendre « Là où le péché a abondé, la grâce a surabondé » ? Comment comprendre « Par la grâce de Dieu je suis ce que je suis » ? Pouvons-nous tirer des leçons pratiques, pour nous chrétiens, de ce que signifie vivre maintenant non «

sous la loi, mais sous la grâce » ? *Cherchons à mieux apprécier la grâce de Dieu et ce qu'elle a fait pour nous.*

Chapitre 16 : Jésus notre Sauveur

Dieu seul peut accomplir au moins ces quatre choses : (1) créer, (2) maintenir en vie toute la création, (3) sauver et (4) juger les hommes.

<u>Le Père envoie son Fils comme Sauveur</u>

Touché par la compassion et remué par la grâce, Dieu se propose d'opérer le salut de l'homme pécheur. Ne tenant nullement compte de son indignité, il met en œuvre un plan glorieux pour apporter le pardon et la vie à l'humanité. Ce projet est tellement étonnant qu'il est impossible à l'homme de l'imaginer : celui qui est le juge de tous les hommes décide de devenir leur Sauveur. Dans ce but, les trois personnes de la Trinité œuvrent en collaboration parfaite et harmonieuse. Le Père conçoit le plan de salut des pécheurs et en préside la réalisation ; c'est lui qui, prenant l'initiative, envoie son Fils unique comme Sauveur du monde. Le Fils, lui, accepte cette mission de plein gré et vient accomplir la rédemption de l'humanité (sa libération du Mal) selon le plan du Père. Grâce à cela, le salut peut aujourd'hui être offert tous les hommes. Enfin, c'est le Saint-Esprit de Dieu qui applique ce salut à l'individu en le faisant naître de nouveau dans la famille de Dieu, lui donnant la repentance et la foi en Jésus-Christ. C'est aussi le Saint-Esprit qui le conduit dans la vie nouvelle.

Il nous fallait un Sauveur

La parole retentissante lors de la naissance du Christ : « Aujourd'hui dans la ville de David, il vous est né un Sauveur, qui est le Christ, le Seigneur » (Luc 2.11), est la plus merveilleuse nouvelle que l'humanité pouvait espérer entendre. Après des siècles d'éducation religieuse par la loi, le peuple d'Israël n'a plus besoin de prédicateur qui vienne prononcer la condamnation des pécheurs. Il lui faut quelqu'un qui vienne le sortir de sa condition critique, de sa misère morale. Qu'est-ce donc qu'un « Sauveur » ? C'est quelqu'un qui sauve. Nous utilisons plus fréquemment le « sauveteur ». Par exemple, quand un nageur souffre d'une crampe, nous disons qu'il a besoin d'un sauveteur. Inutile de lui crier de bons conseils depuis la rive et encore plus de lui reprocher de ne pouvoir nager. Il a besoin qu'une personne compétente lui porte secours. Et nous, pécheurs, nous ne pouvons-nous sauver nous-mêmes. Nous n'avons pas besoin de mieux comprendre les exigences de Dieu ou de mieux ressentir les frayeurs de son jugement. Nous avons besoin de quelqu'un qui puisse accomplir un sauvetage spirituel, qui nous délivre de la sanction correspondant à nos fautes. C'est pour cela que Jésus est venu.

Jésus le seul Sauveur

Beaucoup de « prédicateurs de justice « ont ponctué l'histoire. Ceux inspirés par l'Esprit de Dieu et dont les écrits nous restent dans la Bible, mais aussi ceux d'autres religions. Enseigner la morale, encourager à faire le bien et à éviter le mal n'est pas trop difficile. Cependant, personne ne parviendra au salut en faisant de son mieux pour observer les exigences des prophètes. L'homme, quel qu'il soit, ne peut opérer son propre salut, effacer ses propres péchés (Marc 2.7). Dieu lui-même doit être le Sauveur. Lui seul peut faire pour l'homme ce qu'il ne peut faire lui-même. Jésus répond à la question : « qui peut être sauvé ? » en disant « cela est impossible aux hommes » (Marc 10.27). Mais il ajoute : « Ce qui est impossible aux hommes est possible à Dieu » (Luc 18.27). Dieu réalise donc un salut humainement impossible : il envoie à la race coupable un Sauveur, et pas n'importe lequel ! Dieu envoie son Fils unique pour être l'unique Sauveur du monde entier. Il n'en envoie pas plusieurs. Un seul suffit, car il est Dieu incarné, capable à lui seul d'opérer le salut en faveur de l'humanité entière. Jésus lui-même déclare qu'il est venu « chercher et sauver ce qui était perdu » (Luc 19.10) et que « nul ne vient au Père que par [lui] » (Jean 14.6). De même, l'apôtre Pierre prêche que « le salut ne se trouve en aucun autre [que Jésus] ; car il n'y a sous le ciel aucun autre nom donné parmi les hommes, par lequel nous devions être sauvés » (Actes 4.12).

Est-ce juste ?

La Bible déclare qu'il n'y a qu'un seul Sauveur, un seul salut, un seul chemin. Qu'en est-il alors des adeptes des autres religions ? Dieu les condamnerait-il parce qu'ils ne sont pas chrétiens ? Est-ce que Dieu est à ce point intolérant ? Le monde éprouve des difficultés à accepter cette dure réalité : Dieu accorde son salut par son Fils Jésus, et par lui seulement. Nous ne devons pas nous laisser impressionner par un refus basé sur le sujet préalable de la révélation de Dieu. Une réponse biblique équilibrée doit mettre en évidence les quatre points suivants : (1) Dieu ne condamne pas les hommes à cause de la religion à laquelle ils adhèrent, mais parce qu'ils sont pécheurs. Cependant, la pratique d'une religion idolâtre est une désobéissance aux dix commandements. (2) Les pécheurs ne peuvent pas être sauvés par un enseignement moral ou religieux, surtout quand cet enseignement est un amalgame de vérités et d'erreurs [toutes les religions non chrétiennes contiennent de bonnes choses, mais aussi de graves erreurs]. Pour sauver les pécheurs, nul besoin d'un prophète mais d'un Sauveur. (3) Il ne faut pas méconnaitre [sous-estimer] l'immense sacrifice auquel Dieu a consenti en donnant son propre Fils bien-aimé comme Sauveur du monde. Si Dieu a gracieusement pourvu à notre besoin par le don de ce qu'il avait de plus cher, recevons son Fils comme Sauveur avec gratitude. (4) Jésus seul était qualifié, par sa vie impeccable [sans péché], sa mort expiatoire et sa résurrection victorieuse, pour accomplir la rédemption. Nul autre que lui ne le fait ni ne pourra le faire. Sans cette œuvre de Christ, le monde entier serait à jamais perdu. Mais toute personne qui vient à lui par la foi sera effectivement sauvée. Il nous appartient de bénéficier pleinement de ce salut gratuit et ensemble ensuite, de l'annoncer « à toute la création » ; car « celui qui croira et qui sera baptisé sera sauvé, mais celui qui ne croira pas sera condamné » (Marc 16.15-16).

Pourquoi nous fallait-il un Sauveur ? Quelle est la différence entre un Sauveur et un prophète ? Comment répondre à quelqu'un qui croit que toutes les religions mènent au ciel ?

Chapitre 17 : L'incarnation de Dieu en Jésus-Christ

La déclaration de l'apôtre Paul en (Galates 4.4-5) est riche de sens. Il affirme que l'incarnation [la venue en chair et en os] de Dieu en homme parmi nous eut lieu « lorsque les temps furent accomplis ». La Loi a convaincu les hommes de la gravité du péché pendant des siècles, et les a menés à désirer un libérateur du péché, l'ère de la grâce pointe enfin. Les prédictions des prophètes sont sur le point de s'accomplir. « Dieu a envoyé son Fils, né d'une femme » poursuit l'apôtre Paul. Par ces mots, il souligne la double réalité de la divinité de Jésus [son Fils] et son humanité [né d'une femme]. L'homme porte la responsabilité de réparer ses fautes, mais aucun n'est apte à se délivrer de son état de péché. L'apôtre explique ensuite l'objectif de l'incarnation de Dieu : « né sous la loi, afin de racheter ceux qui étaient sous la loi » (être sous la loi = être sous la condamnation de la loi). Cette notion de rachat vient du contexte de l'esclavage à cette époque. L'esclave était libéré par le paiement d'une rançon. Les esclaves du péché que nous sommes, sont libérés de la condamnation de la loi, par la grâce de Dieu qui s'incarne en Jésus pour vivre en homme selon sa volonté. Dieu n'est pas responsable de la faute des hommes, mais il devient homme en Jésus et va intervenir à notre place, afin de nous libérer. Il vient humblement (Marc 10.45) car pour pouvoir nous sauver en effaçant nos péchés par son sacrifice, il faut d'abord que le Dieu-Sauveur s'incarne dans une chair humaine.

<ins>La naissance de Christ</ins>

Quand nous réfléchissons à la naissance de Jésus (Luc 2.1-20), notre attention se porte sur les humbles conditions de son entourage : la pauvreté de sa mère, la simplicité de l'auberge et de l'étable, la seule présence des bergers. Nous avons tendance à nous concentrer sur le visible. Mais pensons un peu à ce qui se passe dans le royaume invisible. Alors que Jésus siège à la place centrale de l'univers, où il est le sujet d'adoration pour d'innombrables anges, il quitte cette ambiance céleste. Dieu le Fils renonce à l'exaltation dont il jouit, pour être incarné dans un corps de bébé, totalement dépendant de parents humains et à la merci de ce que l'homme voudra faire de lui. Quel déchirement dans le ciel ! Avec quelle émotion le Père envoie-t-il son Fils bien-aimé dans le monde des pécheurs ! Il n'est pas surprenant que les anges ne puissent se taire et s'envolent pour chanter la gloire du Sauveur sur les collines autour de Bethlehem.

Un Fils nous est donné

Un tel don ne peut être fait à l'humanité sans une préparation soignée. Dieu l'a prédit par ses prophètes 800 ans avant sa naissance (Esaïe 9.5). Le prophète Michée prophétise [prédit, annonce] que c'est dans un petit village [Bethlehem] que Jésus naîtra (Michée 5.1). Dieu Eternel entre dans le domaine du temps, le Créateur Trinitaire par le Fils visite sa création, Dieu côtoie les hommes. Le Dieu saint se trouve parmi les pécheurs, la splendeur de sa gloire voilée à leurs yeux. Le Fils de Dieu devient le Fils de l'homme. Le Tout-Puissant apparaît, le Fils n'est autre que Dieu en personne et sa venue au monde est incontestablement le fait le plus important de l'histoire de notre planète.

Le grand abaissement

Celui qui, devenu adulte, prêche la vertu à l'humanité, la pratique à la perfection par son abaissement, en partageant notre sort d'être humain, mais aussi en se laissant rejeter, ridiculiser, mépriser et enfin crucifier par des hommes, sur la croix (Philippiens 2.6-11). Qui est-il, celui qui se laisse traiter ainsi ? Un Dieu faible qui ne peut réagir ? Non, loin de là une telle pensée ! C'est le Roi des rois, le Seigneur des seigneurs. C'est le Dieu Sauveur venant au secours des hommes méchants, sans mettre en avant [revendiquer] ses droits ou l'importance de sa personne, par pure grâce, c'est-à-dire par amour (2 Corinthiens 8.9). Son abaissement est volontaire par amour pour son Père, et salutaire par amour pour les hommes.

La Parole de Dieu faite chair

En Jésus, Dieu est fait homme [incarné]. Il est à la fois véritablement Dieu et véritablement homme (Jean 1.1-14). Dans le prologue [commencement] de son récit de l'Evangile, l'apôtre Jean nous présente Jésus sous ces deux aspects. Il est « la Parole », celui qui révèle Dieu aux hommes, cette « Parole » existait déjà au commencement de toutes choses, dans l'éternité du passé. « Avant qu'Abraham fût, moi, je suis », dit Jésus (Jean 8.58 ; 1.1-3 ,14). Jésus participe aussi au « sang et à la chair » des hommes (Hébreux 2.14). Il vient dans une chair semblable à celle du péché (Romains 8.3). Ce verset de l'Ecriture signifie que Jésus devient réellement homme, comme nous, à la différence près que, contrairement à nous, sa nature humaine n'est pas entachée [salie, contaminée] par le péché, parce qu'il a choisi de ne pas s'y soumettre et de rester en communion avec son Père céleste.

Jésus un souverain sacrificateur

Un des buts de l'incarnation est de révéler la gloire du Père parmi les hommes, de montrer à l'homme qui est Dieu et comment l'homme devrait refléter son image. Car Christ est « l'image du Dieu invisible » (Colossiens 1.15 ; Hébreux 1.3). Il manifeste parfaitement la nature de Dieu par sa vie parmi nous.

Le deuxième but de sa venue est expliqué dans l'épître [lettre] aux Hébreux : « En conséquence, « il a dû être rendu semblable en toutes choses à ses frères, afin qu'il fût un souverain sacrificateur miséricordieux et fidèle dans le service de Dieu, pour faire l'expiation des péchés du peuple » (Hébreux 2.17). Le rôle du sacrificateur consiste à représenter les hommes auprès de Dieu, à offrir les sacrifices requis [demandés] par Dieu pour le péché, et ainsi réaliser pour les hommes l'effacement des péchés (= l'expiation dans la Bible) et obtenir leur pardon. Afin de remplir ce rôle qu'aucun homme pécheur ne pouvait valablement remplir, il a fallu que le Fils de Dieu devienne homme afin de s'offrir lui-même pour nous réconcilier avec Dieu (Hébreux 4.14-15). Ainsi, le Fils de Dieu est devenu homme afin d'être le médiateur (l'intermédiaire) dont nous avions besoin : D'une part, il a la vie humaine sainte pour pouvoir valablement l'offrir en réparation des fautes, de la part des hommes ; d'autre part, Jésus a une vie divine parfaite en tant que souverain sacrificateur de sorte qu'il peut agir en faveur des pécheurs, sans avoir lui-même besoin de salut. (Le rôle de grand sacrificateur serait à approfondir, mais cela demanderait un chapitre supplémentaire, en tous cas il n'entre pas exactement dans le sujet de ce chapitre sur l'incarnation).

Peut-on dire que l'incarnation de Dieu le Fils a été indispensable au salut et pourquoi ? Quelle différence y-at-il entre le Fils de Dieu avant son incarnation et au moment de sa naissance dans l'étable [endroit pour animaux] à Bethlehem ? Quel est le sens de la phrase suivante « il s'est dépouillé lui-même » ? « La Parole faite chair » comment savons-nous qu'il s'agit de Jésus, et que nous est-il dit de lui ? Quels sont pour nous les aspects essentiels du message de l'incarnation ?

Chapitre 18 : L'obéissance de Jésus-Christ

« Le premier homme tiré de la terre est terrestre. Le deuxième homme vient du ciel » (1Corinthiens 15.47). Ainsi l'apôtre Paul révèle un lien significatif entre Adam et Jésus. Une correspondance quant à leur origine [Adam, de la terre, créé, et Jésus, du ciel, divin, incarné] et aussi quant à leur appellation « Adam, le premier homme, Jésus le second ». En appelant Jésus le « deuxième homme », l'apôtre Paul montre que Jésus est devenu pleinement homme, selon l'image originelle. Jésus est devenu homme sans péché comme l'était Adam avant la chute.

Jésus est saint

Jésus n'est pas remarquable seulement par son enseignement, ses miracles et sa résurrection. Il a aussi vécu une vie humaine, moralement parfaite, sans le moindre péché. Il n'était pas pour autant à l'abri de la tentation. Satan s'est attaqué au deuxième homme, comme au premier. Le récit que font les Evangiles de la tentation au début de son ministère, n'est certainement pas complet. Tout au long de sa vie, « il a été tenté comme nous à tous égards, [mais] sans [commettre de] péché » (Hébreux 4.15). Voilà la différence capitale entre Jésus et Adam : là où Adam est tombé, Jésus est vainqueur.

Jésus obéit jusqu'à la mort

Pour l'exprimer positivement, on peut dire que Jésus obéit en toute chose à la volonté de son Père (Hébreux 10.7 ; Jean 6.38). Son attitude habituelle est de dire « je ne cherche pas ma volonté, mais la volonté de celui qui m'a envoyé » (Jean 5.30). « Ma nourriture est de faire la volonté de celui qui m'a envoyé et d'accomplir son œuvre » (Jean 4.34). A la fin de sa vie, il peut dire en prière à son Père : « J'ai achevé l'œuvre que tu m'as donnée à faire » (Jean 17.4). Devant l'épreuve suprême, celle de sa mort sur la croix, le Seigneur est conscient de donner sa vie et son sang pour répondre à l'ordre qu'il a reçu de son Père (Jean 10.18). Il ne s'en détourne pas, bien qu'il soit tenté de le faire au point de suer des grumeaux de sang dans le jardin de Gethsémané. Il s'est rendu « obéissant jusqu'à la mort, même jusqu'à la mort de la croix » (Philippiens 2.8).

La particularité de Jésus

Jésus est réellement homme, mais il s'en distingue dans sa parfaite sainteté. Ses disciples les plus proches n'hésitent pas à le déclarer sans péché. Des douze apôtres, trois semblent être très intimes avec lui : Jean, Jacques et Pierre. Deux d'entre eux, dans leurs écrits, attestent que leur Maître fut sans péché. Pierre fait de Jésus un modèle de conduite irréprochable, au milieu du monde hostile dans lequel il souffre (1Pierre 2.21-22). Jean parle du but de l'œuvre de Jésus : il est venu « pour ôter les péchés ; et il n'y a pas de péché en lui » (1Jean 3.5). En effet, si Jésus avait péché, il serait incapable d'ôter les péchés d'autrui. Quand la Bible dit que « tous ont péché » (Romains 3.23), il y a donc une unique exception : Jésus le Sauveur de l'humanité.

Jésus-Christ le juste

Cette victoire sur les tentations à deux conséquences :

1. Jésus est parfaitement juste. En effet, il accomplit entièrement la loi de Dieu et les exigences de sa volonté. Il devient ainsi le seul à avoir acquis une justice parfaite.

2. Jésus ne mérite aucune punition pour le péché, puisqu'il n'a jamais péché. Il est le seul homme, depuis l'origine de l'humanité, à ne pas mériter la mort, à ne pas devoir mourir. Si

Jésus meurt, ce n'est pas en conséquence de son péché, contrairement à nous qui recevons la mort comme conséquence de nos péchés. Quand il est écrit : « il est mort, et c'est pour le péché qu'il est mort » (Romains 6.10), cela ne signifie donc pas qu'il subit le jugement de ses propres péchés, mais qu'il expie les nôtres. « Christ aussi est mort une seule fois pour les pécheurs, lui juste pour les injustes, afin de vous amener à Dieu » (1Pierre 3.18).

<u>Jésus est capable</u>

Ces deux réalités [son incarnation en tant qu'homme véritable et son obéissance entière en tant qu'homme] sont deux qualifications indispensables pour le Sauveur du monde. Jésus est un avec nous, mais il n'est pas sous l'emprise du péché. Ne devant pas mourir pour ses propres péchés, il peut assumer le rôle de Sauveur en mourant à notre place. Jésus a accompli parfaitement ce que le sacrificateur défaillant ne peut faire (Hébreux 5.3 ; 7.26-27). Il est donc le seul à être parfaitement qualifié pour offrir sa vie dans une mort expiatoire et sauver ainsi les pécheurs.

Faites ressortir les comparaisons entre Adam et Christ ? Pourquoi était-il indispensable que Jésus soit sans péché ? Comment expliquer à un non chrétien la perfection [parfaite] du Christ ? Quelle leçon tirons-nous de l'obéissance du Seigneur ? Quel rapport y a-t-il entre la perfection de Christ et son œuvre comme sacrificateur ? Jésus, tenté, mais sans péché : quelle est pour nous l'application pratique de cette vérité ?

Chapitre 19 : La mort expiatoire de Jésus-Christ[2]

Le thème de l'expiation se trouve dans toute la Bible et il est d'une importance telle que la compréhension de l'essentiel du christianisme dépend de cette vérité capitale. C'est le cœur même de l'Evangile (1Corinthiens 15.3). Cependant, beaucoup de personnes qui se disent chrétiennes ignorent la portée merveilleuse de cette affirmation biblique. Jésus est venu pour « sauver les pécheurs » (1Timothée 1.15) ; mais comment ? Il nous sauve par sa mort expiatoire. Pour que les pécheurs soient sauvés, deux choses sont indispensables : l'expiation, qui est la base, le fondement même du salut, et la conversion, qui est le moyen particulier de recevoir le salut.

L'expiation, pourquoi ?

Jésus n'aurait pas subi le supplice de la croix si cela ne s'était pas avéré nécessaire. C'est le sens de sa prière dans le jardin de Gethsémané ; nous pourrions la paraphraser [simplifier] : « Père, s'il y a un autre moyen de sauver le monde, trouve ce moyen ; sinon, je suis prêt à subir la croix » (Matthieu 26.39,42 ; Marc 14.35-36 ; Luc 22. 41-42 ; Jean 12.27). Il n'y avait pas d'autre moyen. L'apôtre Paul confirme la nécessité de la croix

---

[2] Avant d'aborder cette question primordiale pour notre foi, entendons-nous bien sur le sens de ce mot : dans notre culture et à notre époque, « expier » signifie « payer pour une faute », subir une peine pour racheter une faute. Mais dans la Bible, il signifie seulement « enlever, ôter une faute, une culpabilité ». C'est dans ce sens que j'emploierai les mots expier, expiation, expiatoire. La mort de Christ enlève notre péché, supprime la séparation d'avec Dieu, parce qu'il a pris sur lui notre culpabilité et l'a mise à mort sur la croix en son corps (Romains 8.3 ; 1 Pierre 2.24)

face à l'impossibilité pour l'homme de se sauver par ses propres œuvres (Galates 2.21). Le Fils de Dieu n'avait pas besoin de mourir si nous pouvions être acceptés par Dieu par nos propres actions. La loi, nous l'avons vu, condamne l'homme pour ses transgressions et n'offre aucun espoir de salut. Elle proclame la sentence de mort pour tout homme pécheur. Dieu est éternellement juste et, de ce fait, maintient la justice de sa loi qui doit sanctionner justement les pécheurs. S'il désire sauver les pécheurs de la mort qu'entraîne le péché, cela doit se faire par le moyen d'un sacrifice expiatoire. Sans un tel sacrifice, la peine de mort doit tomber sur les pécheurs. Par la mort expiatoire de son Fils, Dieu agit pour obtenir le salut des hommes, sans empêcher sa justice absolue.

Selon quelle décision ?

L'homme éprouve, dans sa conscience, un sentiment de culpabilité à cause de ses fautes et la crainte de la conséquence inévitable du péché. Certaines religions en témoignent en encourageant l'homme à expier (= ici « payer ») pour réparer ses torts. L'homme sent qu'il offense les puissances supérieures, divines ou démoniaques, et considère qu'en offrant des sacrifices il pourra apaiser la colère des dieux ou des démons pour écarter le malheur qu'il redoute. L'enseignement de la Bible diffère en deux points importants. D'abord, il est impossible à l'homme d'expier ses fautes et d'écarter le jugement. La conséquence du péché qui le sépare de Dieu, c'est la mort éternelle : il ne pourrait « payer » son crime qu'en subissant une juste et éternelle disparition. Ensuite (Lévitique 17.11 ; Romains 3.24-26), deux passages bibliques cruciaux pour cette doctrine, enseignent tous deux que la décision de l'expiation (l'enlèvement des fautes) vient de Dieu et non des hommes. Même dans l'Ancien Testament, ni Moïse ni Aaron n'ont inventé le procédé des sacrifices d'expiation. Dieu lui-même fournit le moyen. Il fait grâce, voyant l'impossibilité pour l'homme d'en sortir par lui-même. Il le fait parfaitement et à grand prix, en envoyant, pour le réaliser, son propre Fils, dont seul le sacrifice peut suffire.

Les sacrifices dans l'Ancien Testament

Pourquoi Dieu exige-t-il des sacrifices d'expiation d'Israël, son peuple ? La raison en est à la fois éducative et prophétique. Les ordonnances relatives à ces offrandes révèlent certains principes d'action de Dieu, et préparent ainsi la venue du Sauveur. Par ce moyen, les hommes pieux peuvent apprendre plusieurs choses : (1) Le péché est très grave aux yeux du Dieu saint ; (2) Le salaire du péché est la mort ; (3) Sans effusion de sang, il n'y a pas de pardon (Hébreux 9.22) : Ce verset sorti de son contexte, demanderait une explication pour ne pas faire de Dieu un Dieu qui a besoin de sang pour pardonner ! Le sang représentant la vie, on peut dire que sans le don de sa vie à Dieu, le pardon n'est pas accessible au fidèle. Ce n'est pas Dieu qui a besoin de sang, c'est le fidèle qui a besoin de se donner à Dieu, de se repentir de sa vie pécheresse, de la faire mourir, pour saisir le pardon que Dieu lui accorde. De même sans le don de sa vie par Jésus, qui a mis à mort notre péché, il n'y aurait pas eu de réconciliation possible avec Dieu. (4) Dieu permet à un substitut [remplacement], l'animal sacrifié, de mourir à place du pécheur ; (5) Lorsque l'homme repentant et croyant s'approche de Dieu en ayant offert ce sacrifice, il peut saisir le pardon gratuit que Dieu lui offre. Dans les sacrifices païens, on tue une bête pour se faire pardonner ! Dans l'optique biblique, c'est le contraire : on tue une bête qui nous représente, pour manifester le don de soi que l'on fait par reconnaissance, parce qu'on a pris conscience que Dieu pardonnait et aimait gratuitement malgré notre indignité. Dieu prend soin d'inculquer ces principes à son peuple au fil des siècles précédant la venue de son Fils, car son sacrifice va s'opérer selon les mêmes principes. Mais son sacrifice sera le seul efficace spirituellement.

Le Nouveau Testament précise que les sacrificateurs d'Israël offrent des « sacrifices qui ne peuvent jamais ôter les péchés » (Hébreux 10.11). Il faut un meilleur souverain sacrificateur pour agir comme médiateur et un meilleur sacrifice pour expier (= enlever) efficacement le péché.

L'accomplissement en Jésus-Christ

Le Fils de Dieu, par son incarnation et son obéissance parfaite, est le seul intermédiaire valable entre Dieu et les hommes. Il est le « médiateur d'une nouvelle alliance » (Hébreux 9.15). Dieu établit son « Fils qui est parvenu pour toujours à la perfection » (Hébreux 7.28), comme souverain sacrificateur. Or, tout souverain sacrificateur est établi pour présenter des offrandes et des sacrifices pour les pécheurs, «d'où la nécessité, pour lui aussi d'avoir quelque chose à présenter » (Hébreux 8.3). Jésus, étant parfait n'a « pas besoin, comme les souverains sacrificateurs, d'offrir chaque jour des sacrifices, d'abord pour ses propres péchés, et ensuite pour ceux du peuple. Cela, il l'a fait une fois pour toutes, en s'offrant lui-même » (Hébreux 7.27). Il est non seulement le sacrificateur et le médiateur, mais aussi la victime offerte en sacrifice. Jésus est l'accomplissement des préfigurations que sont les sacrifices sous l'ancienne alliance [Ancien Testament]. Jean-Baptiste dit de Jésus : « Voici l'Agneau de Dieu, qui ôte le péché du monde » (Jean1.29). Notre salut s'accomplit par «l'offrande du corps de Jésus-Christ, une fois pour toutes » (Hébreux 10.10). «Il s'est offert lui-même sans tache à Dieu » pour « abolir le péché par son sacrifice »

(Hébreux 9.14,26). Les mots « ôter » et « abolir » ne signifient pas que le péché n'existe plus, mais que, aux yeux de Dieu, par cette expiation parfaite, le problème du péché qui sépare l'homme de Lui, trouve sa solution définitive.

La nécessité du sang

Dans l'épître aux Hébreux, où cette comparaison entre le sacerdoce [prêtrise] de l'Ancien Testament et l'œuvre expiatoire de Christ est pleinement développée, un principe notable est énoncé : « sans effusion de sang, il n'y a pas de pardon » (Hébreux 9.22). Lors de l'institution de la cène, Jésus met aussi l'accent sur son sang versé, comme sur son corps sacrifié. Pourquoi insister sur le sang ? Nous sommes éclairés par (Lévitique 17.11) : « La vie de la chair est dans le sang. Je vous l'ai donné sur l'autel, afin qu'il serve d'expiation pour votre vie, car c'est par la vie que le sang fait expiation ». Il est évident que, dans ce contexte, il s'agit du sang répandu sur l'autel lors des offrandes, c'est-à-dire, de la mort de l'animal offert en sacrifice : « l'âme qui pèche est celle qui mourra » (Ezéchiel 18.4). Dieu donne donc à l'homme, à l'époque de l'Ancien Testament, la possibilité d'apporter en sacrifice une vie animale à la place de la sienne : la mort est subie par un substitut. Mais la mort d'un animal n'équivaut pas à celle d'un homme (Hébreux 10.4). Il précise encore que le système préfigure l'œuvre que Jésus vient accomplir (Hébreux 10.1). Pour satisfaire pleinement à la justice, un homme doit mourir, pas un animal. Mais, les hommes étant tous pécheurs, chacun doit mourir pour ses propres fautes et nul ne peut en racheter un autre. C'est pourquoi le Fils de Dieu est venu, du sang humain coulant dans ses veines, pour mourir à notre place. Mais Jésus n'est pas seulement homme, capable de se substituer [se mettre à la place] à un seul de ses semblables. Il est Dieu, possédant la vie divine. Et quand il a « livré sa vie en sacrifice pour le péché » (Esaïe 53.10), c'est son âme, sa vie éternelle et infinie qu'il offre en libation, un sang humain dont la valeur d'expiation est infinie. Dans une expression étonnante, l'apôtre Paul va jusqu'à dire que Dieu a racheté son Eglise « par son propre sang » (Actes 20.28). Par l'expiation accomplie par le Fils de Dieu donnant sa vie pour nous, « il est entré une fois pour toutes dans le lieu très saint (=le ciel, ou la présence de Dieu), non avec le sang des boucs et des veaux, mais avec son propre sang, ayant obtenu une rédemption éternelle » (Hébreux 9.12), d'une valeur infinie, par laquelle une multitude d'hommes et de femmes peuvent être rachetés, et toutes leurs fautes effacées. « Le sang de Jésus son Fils nous purifie de tout péché » (1Jean 1.7).

Jésus-Christ est mort pour nous

Jésus est donc à la fois souverain sacrificateur et sacrifice expiatoire. Si Jésus vient s'offrir en sacrifice, c'est pour souffrir à notre place : il est « mort pour nous ». Cette expression signifie que Jésus se substitue à nous : nous méritons la mort [et non Jésus], mais il accepte de subir notre sort à notre place, pour nous en délivrer. Maintes allusions bibliques soulignent cette merveilleuse vérité, notamment dans le livre du prophète Esaïe où l'œuvre de Jésus est prophétisée [annoncée] (Esaïe 53.5-6,8,10-12). Le Nouveau Testament précise : « Lui qui a porté nos péchés en son corps sur le bois » (1Pierre 2.24) ; Dieu « l'a fait [devenir] péché pour nous » (2Corinthiens 5.21), voir aussi (Romains 5.8 ; 1Jean 4.9-10). Ayant assumé le poids de nos péchés, Jésus subit la sentence que nous méritons pour nos péchés (Romains 4.25 ; 5.8 ; 6.10 ; 1Corinthiens 15.3). Une seule conclusion s'impose : Jésus prend notre place, il porte notre péché, il subit notre mort. Il meurt pour que, sur la base de son sacrifice, son Père juste puisse nous considérer comme justes de manière équitable. Car la peine exigée pour nous par la justice est subie pour nous dans la personne du substitut parfait que Dieu lui-même nous a donné. Sans cette mort expiatoire de Jésus, la justice divine n'aurait d'autre choix que de tous nous laisser mourir éternellement.

On peut ajouter une histoire plus d'actualité pour illustrer la valeur de la mort de Jésus-Christ. Lors d'une visite dans une mosquée j'ai expliqué comment Jésus a pris notre place à la croix par une l'histoire inventée de deux frères jumeaux dont l'un avait commis un crime pour lequel il était prisonnier, risquant la mort. Le second frère innocent venu par amour le visiter en prison avait revêtu sa chemise pleine de sang et l'avait fait sortir de prison à sa place avec son propre vêtement. Ce fut le frère innocent qui fut condamné à mort et le frère jumeau coupable qui fut innocenté. Devant tant d'amour, le Roi du pays avait gracié et délivré de la prison celui qui avait donné sa vie pour son frère.

Pourquoi la mort de Jésus-Christ fut-elle nécessaire ? Comment Jésus est-il un souverain sacrificateur ? Pourquoi Dieu a-t-il imposé à Israël des sacrifices et des holocaustes ? Pour quelles raisons le sacrifice de Christ est-il parfaitement suffisant ?

Chapitre 20 : La glorification de Jésus-Christ

Jésus enseigne que « que celui qui s'abaisse sera élevé » (Luc 14.11). Il est lui-même l'exemple suprême de ce principe. En venant dans le monde, Jésus se dépouille de sa gloire ; en obéissant à son Père, il s'humilie jusqu'à la mort sur la croix. Mais aussi profonde que soit son humiliation, son exaltation n'en est que plus élevée « Dieu l'a souverainement élevé » (Philippiens 2.9) et cette exaltation se manifeste en trois événements : sa résurrection, son ascension et son accession à la droite de Dieu.

Il est ressuscité

La première façon dont le Père prouve son entière approbation de l'œuvre de son Fils est la résurrection. Les quatre récits de l'Evangile relatent cet événement historique qui convainc les disciples découragés que Jésus est effectivement le Christ. Même Thomas, l'incrédule, en est pleinement persuadé le jour où il voit Jésus ressuscité devant lui. Ce jour-là, il peut dire à Jésus : « Mon Seigneur et mon Dieu ! » (Jean 20.28). Les disciples, abattus et prêts à retourner à leurs occupations habituelles, sont transformés par la résurrection de leur Maître. Ils peuvent encore le voir, l'écouter, lui parler pendant quarante jours. Jusqu'à cinq cents disciples à la fois le voient (1Corinthiens 15.6 ; Actes 1.3). Jésus a prédit sa mort, mais aussi sa résurrection (Matthieu 16.21). Il a reçu de son Père l'ordre de donner sa vie et de la reprendre (Jean 10.18). Sa mort expiatoire et sa résurrection ont toutes deux été prévues dans le plan du Père. En effet, si Jésus était resté dans la tombe, nous n'aurions aucune preuve de la validité de sa mort pour l'expiation (l'enlèvement) de notre péché. Si Jésus n'était pas ressuscité, on pourrait dire qu'il est mort comme tous les hommes, comme s'il était lui-même pécheur. En le ressuscitant,

Dieu nous introduit dans la logique de l'expiation. Jésus est bien son Fils, il n'est donc pas pécheur. S'il est mort, c'est à cause de nos péchés qu'il a pris sur lui, par amour pour les hommes. Ainsi, par ce seul acte de résurrection, le Père justifie son Fils et approuve son œuvre.

La résurrection de Jésus-Christ preuve de sa divinité

Non seulement sa résurrection atteste la valeur de son œuvre de salut, mais elle est aussi la preuve suprême de la divinité de Christ et de la vérité de la foi chrétienne biblique, c'est ce que déclare l'apôtre Paul ((Romains 1.4) car, si Jésus est réellement ressuscité, il est inévitablement le Fils de Dieu. La vérité de la résurrection de Christ est la base de notre prédication (1Corintiens 15.14 ; Actes 2.32). Toute notre foi est fondée sur la résurrection, ou elle s'écroule si cet événement fondamental annoncé par les apôtres est un mensonge. Soyons clairs : Il ne s'agit pas d'une vague idée, les apôtres sont tous absolument convaincus de ce que le Maître a été mis à mort par crucifixion et qu'il est réellement vivant après l'événement, réel au point qu'ils peuvent manger avec lui, parler avec lui, voir et même toucher les cicatrices des blessures de sa crucifixion. Ils sont unis dans leur proclamation : Christ est réellement, physiquement ressuscité. La résurrection de Jésus est la preuve effective de sa divinité, elle donne l'assurance de la véracité de sa révélation de Dieu et atteste l'accomplissement parfait de son œuvre de salut.

La montée de Jésus au ciel

Le Nouveau Testament relate ensuite l'ascension [l'élévation au ciel] de Jésus. Quarante jours après sa résurrection, Jésus donne quelques recommandations à ses disciples, puis : « il fut élevé pendant qu'ils le regardaient, et une nuée le déroba à leurs yeux » (Actes 1.9). Un ange leur explique qu'il est monté au ciel, ce qu'ils n'hésitent pas à proclamer dix jours plus tard. Une fois encore, le Père exalte son Fils ; c'est là le deuxième témoignage de son approbation pour l'œuvre achevée (1Timothée 3.16). Jésus parle déjà de cet aspect de son exaltation [élévation dans la gloire du ciel] dans son dernier discours aux disciples (Jean 16.28). C'est dans ce sens qu'il prie : « Et maintenant toi, Père, glorifie-moi auprès de toi-même de la gloire que j'avais auprès de toi avant que le monde fût » (Jean 17.5). Par son ascension, il entre dans la glorieuse présence de Dieu.

Jésus est assis à côté de Dieu au ciel

L'Evangile selon Marc apporte une précision importante concernant l'ascension de Jésus : « Le Seigneur, après leur avoir parlé, fut enlevé au ciel, et il s'assit à la droite de Dieu » (Marc 16.19 ; Psaumes 110.1). Dans l'épître aux Hébreux, cette notion est développée et interprétée (Hébreux 10.12). L'idée de s'asseoir, signifie dans ce contexte, le repos de Jésus, après l'achèvement parfait de son œuvre d'expiation. Sa mort l'a accomplie, sa résurrection l'a démontrée et son ascension atteste qu'elle est suffisante. Plus besoin désormais d'offrir d'autres sacrifices à Dieu, car l'expiation parfaite est accomplie. De même que le Père se repose après son œuvre de création, Jésus, le Fils de Dieu se repose après son œuvre de rédemption. Ni lui ni quiconque n'a quoi que ce soit à y ajouter.

Mais aussi Jésus s'est assis « à la droite du trône de Dieu » (Hébreux 12.2), c'est-à-dire qu'il est reçu par son Père comme égal, partageant son règne, son autorité, son gouvernement et son rôle de Juge (Apocalypse 3.21). Dans l'Ecriture, le « trône » parle du règne souverain de Dieu, le Roi de l'univers et le Juge suprême. Jésus est de nouveau installé auprès de son Père, dans le ciel couronné de la gloire qu'il avait précédemment, ayant achevé l'œuvre indispensable pour le salut des hommes (Hébreux 1.3-4). Lui qui a été « fait pour un peu de temps inférieur aux anges » (Hébreux 2.9) pour souffrir la mort sur la croix, « Dieu l'a [ensuite] souverainement élevé et lui a donné le nom qui est au-dessus de tout nom » (Philippiens 2.9). Toute autorité, qu'elle soit humaine, angélique ou diabolique, est donc placée sous la seigneurie de Jésus, comme il le dit après sa résurrection (Matthieu 28.18). Dès lors, il occupe la place la plus haute de l'univers, ce qui sera reconnu publiquement et universellement le jour où, Dieu fera « qu'au nom de Jésus, tout genou fléchisse dans les cieux, sur la terre et sous la terre, et que toute langue confesse que Jésus Christ est Seigneur, à la gloire de Dieu le Père » (Philippiens 2.10-11). Ainsi s'accomplira la prophétie [l'annonce] de David (Psaumes 110.1-2). A la fin des temps Jésus aura « mis tous ses ennemis sous ses pieds », après avoir « détruit toute domination, toute autorité et toute puissance » maléfique. Ensuite, Jésus « remettra le royaume » à Dieu le Père, « afin que Dieu soit tout en tous » (1Corinthiens 15.24-28).

Si Christ n'était pas ressuscité, qu'est-ce que cela changerait ? Comment savons-nous que Christ est ressuscité ? Quel est le lien entre la résurrection de Christ et notre salut ? Quelle est le but de la glorification de Jésus-Christ « assis sur le trône de Dieu » ?

Chapitre 21 : La rédemption et le salut

Le mot [rédemption] a deux sens. Le plus général résume l'ensemble de l'œuvre de Dieu en vue de notre salut et le plus étroit souligne l'aspect du sacrifice de Christ, qui consiste à payer une rançon par laquelle nous sommes libérés pour lui appartenir. La « rédemption » est le nom lié au verbe « racheter » (Ephésiens 1.7 ; 1Corinthiens 6.20). Dans l'Ancien Testament, ces notions sont introduites dans des situations concrètes. Nous pouvons ainsi mieux comprendre cet aspect de l'œuvre de Dieu (1Timothée 2.5-6). Le rachat autrefois était destiné à libérer une personne, un champ ou un animal. La rançon, quant à elle, était soit de l'argent, soit un animal offert en sacrifice (Exode 13.13). Ce passage du livre de l'Exode a pour contexte la rédemption d'Israël lors de sa sortie d'Egypte, le peuple venant d'être libéré de l'esclavage. Et cette délivrance nous fournit une illustration remarquable de l'œuvre de Jésus (Exode 6.6). La puissance de Dieu frappe de jugement sévère l'Egypte jusqu'à ce que Pharaon permette enfin au peuple d'Israël de quitter le territoire. Par cette rédemption, Israël, le peuple descendant d'Abraham, élu par Dieu, devient ainsi le peuple libéré (Exode 15.13 ; 19.5 ; Esaïe 43.1 ; 54.8). Le résultat de la rédemption est alors la libération d'un peuple acquis au prix d'une rançon.

Le chrétien a été racheté

Le chrétien lui aussi, est racheté, selon le Nouveau Testament. Autrefois, il vivait comme esclave, retenu par la domination du péché et du diable, ne connaissant rien de la liberté qu'offre le Christ (Marc 10.45). Le prix du rachat pour nous libérer du péché n'est rien de moins que sa propre vie, livrée en sacrifice, c'est-à-dire son sang (1Pierre 1.18-19 ; 1Corinthiens 6.20). En effet, combien grande est notre valeur aux yeux de notre Dieu !

Notre valeur n'est-elle pas infinie, puisque Dieu est prêt à nous racheter au prix du sang de son cher Fils ? Ne dites donc plus jamais que vous ne valez rien !

<u>Nous sommes à Dieu</u> :

Si, pour nous racheter du péché, Dieu a donné son Fils en rançon, c'est pour que nous lui appartenions. Lors de la conversion, nous changeons de Maître ; nous secouons le joug du péché par la repentance et nous nous soumettons dans la foi à Jésus comme Seigneur (1Corinthiens 6.19-20). Les convertis à Christ sont ainsi libérés de l'emprise du péché et de ses conséquences. En même temps, ils passent dans le camp du « Maître qui les a rachetés » (2Pierre 2.1), qui les aime et à qui ils se soumettent avec joie (Colossiens 1.13-14). Cela signifie un changement total dans l'orientation de notre vie : nous ne laissons plus le péché régner en nous, mais nous apprenons à nous laisser diriger par notre nouveau Maître, à qui nous appartenons désormais.

<u>La rédemption présente et future</u>

« Nous avons la rédemption », dit l'apôtre Paul, précisant : « le pardon des péchés ». De même, il écrit au temps présent quand il dit : « Ils sont gratuitement justifiés par sa grâce, par le moyen de la rédemption qui est dans le Christ-Jésus » (Romains 3.24). Cette œuvre de rédemption accomplie par Jésus sur la croix nous fournit maintenant, dans notre vie actuelle, ce double bienfait du pardon des péchés et de la justification [déclaré juste, non condamné], nous ne sommes plus condamnés à cause du péché. Ces réalités par sa grâce, sont à nous dès maintenant. Grâce au sang versé de Jésus, nous avons le pardon et la justification. Quelle merveille ! Sans- diminuer en rien cette affirmation, la Bible révèle un autre aspect futur de la rédemption : la « rédemption de notre corps » (Romains 8.23). Le Saint-Esprit qui nous est donné à la conversion est le sceau par lequel nous sommes « scellés pour le jour de la rédemption » qui reste encore à venir (Ephésiens 4.30). Le Saint-Esprit est le garant de cet achèvement futur de notre salut, l'ultime (Ephésiens 1.14), lors de la résurrection, où nous serons enfin parfaitement sauvés, corps et âme. Dès à présent nous possédons le pardon, notre âme est sauvée. Mais le corps doit aussi, selon le plan de Dieu, participer au salut, quand Jésus reviendra au « jour de la rédemption ». Ce jour-là, l'œuvre entière de la rédemption de l'Eglise s'achèvera à la gloire du Sauveur.

<u>Notre rédemption et notre salut</u>

Dans un sens large, la « rédemption » résume l'œuvre du salut accomplie par Jésus qui la confirmera lors de son retour. Parfois, dans le Nouveau Testament, le terme « salut » est très proche de sens de la rédemption, mais le plus souvent, il se réfère à l'application de l'œuvre de la rédemption dans la vie du chrétien. Quand quelqu'un bénéficie de l'œuvre salutaire de Christ, le croyant est « sauvé ». Ce salut est la réponse entière de Dieu à tous les besoins spirituels qu'éprouve l'homme dans son état de péché, et ainsi, il englobe plusieurs réalités que nous développerons dans la suite de ce livre. Ce salut accordé par Dieu dans sa grâce, est vraiment complet. Pour remédier à notre culpabilité, Dieu nous donne le pardon. Pour remédier à la condamnation, Dieu nous donne la justification [Il nous déclare justes, non condamnés]. Pour remédier à notre ancienne nature pécheresse, Dieu nous donne son Saint-Esprit. Dieu fait de nous ses enfants, nous délivrant de la domination du diable. Dieu nous offre la vie éternelle, nous accordant une place auprès de lui au ciel, plutôt que la mort éternelle que nous méritons à cause du péché et de notre désobéissance. Tout cela, et encore bien d'avantage, est résumé en ce seul mot « salut ». C'est vraiment « un si grand salut ! » (Hébreux 2.3).

<u>Nous sommes sauvés</u>

Les chrétiens professent non seulement « que Dieu veut que tous les hommes soient sauvés » (1Timothée 2.3-4), mais ils peuvent témoigner « qu'il nous a sauvés » (2Timothée 1.9). Les chrétiens en font l'expérience, puisqu'ils ont reçu pour eux-mêmes le salut accompli par Jésus sur la croix. La condition pour recevoir le salut est la conversion, c'est-à-dire la repentance de nos péchés et la foi en Jésus-Christ Sauveur (Romains 10.3). A cet engagement extérieur du chrétien correspond, dans son cœur, une œuvre de Dieu qui le fait « naître de nouveau », et lui donne l'Esprit saint. Dieu veut que nous soyons au clair quant à notre propre salut. Ceux qui seront accueillis dans la présence de Dieu quand Jésus reviendra sont ceux qui ont accepté par la conversion le salut offert par Christ. Ce salut est offert gratuitement au pécheur, sur la base de l'expiation de Jésus. Cette offre constitue l'Evangile, la Bonne Nouvelle qui est prêchée ou expliquée au monde (Romains 1.16). L'Evangile divise les hommes en deux camps : les sauvés et les perdus. Jésus dit aux apôtres : « Allez dans le monde entier et prêchez la bonne nouvelle à toute la création. Celui qui croira et qui sera baptisé sera sauvé, mais celui qui ne croira pas sera condamné » (Marc 16.15-16). Si nous ne sommes pas sauvés par Jésus, nous sommes perdus (Actes 4.12).

De quoi avons-nous été rachetés, sauvés ? Pourquoi l'homme ne peut-il pas se racheter ? Que signifie le sens du mot « rédemption » ? Avant de parler du salut aux gens, que devons-nous leur faire comprendre ? Quelqu'un peut-il être sauvé sans avoir entendu l'Evangile (voir Romains 2.14-16 et Mat 25.31-40)*? Comment nos attitudes et notre conduite doivent-elles se transformer quand nous prenons conscience que nous avons été rachetés ?*

Chapitre 22 : Le pardon des péchés

« Nous avons la rédemption, par le pardon des péchés » (Colossiens 1.14). Le chrétien sait donc que Dieu lui a accordé le pardon. Et c'est si vrai que l'apôtre Paul fait de ce pardon reçu la base de son exhortation aux chrétiens : « De même que Christ vous a pardonné, pardonnez-vous aussi » (Colossiens 3.13).

<u>Un Dieu qui pardonne les péchés</u>

A travers la Bible, Dieu se révèle prêt à pardonner le péché (Exode 34.7 ; Michée 7.18-19). Le péché, nous l'avons vu, est l'état de séparation d'avec Dieu à cause d'une offense faite à Dieu, à sa volonté révélée dans sa Loi. Seul Dieu, le Créateur et Juge, détient le droit et le pouvoir du pardon (Marc 2.7). L'Ecriture nous révèle, en effet, un Dieu qui veut et peut pardonner.

<u>Sans effusion de sang, pas de pardon des péchés</u>

Dieu se réjouit d'exercer sa miséricorde dans le pardon, mais ce n'est pas chose facile à réaliser. Car si Dieu est infiniment miséricordieux, il est aussi infiniment juste, et sa justice ordonne que le péché soit sanctionné. Pour nous pardonner alors, Dieu a dû envoyer le Rédempteur, celui qui, par son sacrifice, subira la sanction exigée par la justice divine pour le péché du monde. Dieu ne peut accorder aux pécheurs le pardon de leurs péchés que grâce au sacrifice de Jésus qui en prenant le péché de l'homme sur lui, l'a mis à mort sur la croix et l'a ainsi effacé [= expié]. Même ceux qui furent sauvés dans la période de l'Ancien Testament, le furent sur la base du sacrifice expiatoire dont Dieu savait qu'il s'accomplirait au Calvaire (Romains 3.24-26). Cette rédemption est la même base objective qui permet à Dieu de nous pardonner en toute justice, à nous aussi, des siècles après l'évènement de la crucifixion. La valeur de ce sacrifice unique est infinie et éternelle.

Comment obtenir le pardon des péchés

Les apôtres, envoyés pour prêcher la repentance en vue du pardon des péchés » (Luc 24.47), montrent clairement dans leurs prédications le moyen d'être pardonné. On ne parvient pas au pardon en accomplissant les œuvres de la loi. Obéir parfaitement n'est, de toute façon, que notre devoir. Nos « bonnes œuvres » ne peuvent effacer les mauvaises et même les « bonnes » sont souillées par le péché. C'est donc par Jésus, le Sauveur, que « le pardon des péchés vous est annoncé » disent les apôtres, « et en lui quiconque croit est justifié de tout ce dont vous ne pouviez être justifiés par la loi de Moïse » (Actes 13.38-39). La loi prononce notre condamnation, mais nous sommes acquittés par la foi. L'apôtre Pierre enseigne : « Tous les prophètes rendent de lui témoignage que quiconque croit en lui reçoit par son nom le pardon des péchés » (Actes 10.43). Le pardon se reçoit ainsi de la même manière qu'un enfant reçoit un cadeau des mains de son Père. L'enfant de Dieu reçoit de son Père céleste le cadeau du pardon de ses péchés. Le pardon est une grâce offerte aux pécheurs par Jésus (Actes 26.18). Quand quelqu'un se repent et se convertit par la foi en Christ, l'affirmation des apôtres s'applique à ce nouveau croyant : « Vos péchés vous sont pardonnés à cause de son nom » (1Jean 2.12) ; « Dieu vous a fait grâce en Christ » (Ephésiens 4.32). Nous sommes réellement et entièrement pardonnés de tous nos péchés. Quelle merveille ! Quel bonheur ! « Heureux ceux dont les iniquités sont pardonnées, et dont les péchés sont couverts ! » (Romains 4.7).

Deux manières de pardonner les péchés

Pour bien comprendre l'enseignement biblique sur le pardon, il faut saisir la distinction entre le pardon légal du Dieu-Juge et le pardon paternel du Dieu-Père. Prenons d'abord le cas d'une personne non convertie. Par l'action du Saint-Esprit elle se rend compte de ses péchés, veut trouver le pardon, entend l'Evangile, se repent et croit au Sauveur. A ce moment-là, Dieu lui pardonne ses péchés en lui accordant le pardon légal, appelé dans la Bible, la justification. Par cet acte salutaire, Dieu remet la totalité de la condamnation finale qu'auraient méritée tous les péchés [passés, présents et futurs] de ce croyant. Il bénéficie d'une délivrance complète de la condamnation qui, autrement, tomberait sur lui. Ce croyant passe du camp des perdus à celui des sauvés, selon la promesse de Jésus (Jean 5.24). Le Dieu-Juge l'a acquitté : il est également totalement pardonné. A partir de sa conversion, ce chrétien devient enfant du Dieu-Père, et commence une nouvelle vie, cherchant désormais à obéir à la volonté de son Père céleste.

La confession des péchés

Mais, s'il retombe dans le péché (1Jean 1.8,10), une fois devenu enfant de Dieu, ce croyant n'est jamais rejeté par son Père céleste. Son péché ne lui fait perdre ni son salut ni sa vie éternelle ni sa justification, pardon légal complet. Le péché lui fait plutôt perdre la joie de la pleine communion d'amour avec son Père. Quand un père inflige une correction à son enfant à cause d'une méchanceté, la relation entre eux n'est pas harmonieuse, mais le lien familial persiste. Et quand l'enfant a regretté sa désobéissance, le père qui l'aime de toute façon et qui lui a déjà pardonné dans son cœur, se réjouit de la régularisation des relations. De même, le pardon paternel du Dieu-Père n'est recevable qu'après la confession du chrétien repentant (1Jean1.9). Sommes-nous conscients d'avoir péché contre notre Père céleste ? Avouons-le-lui. Quand nous confessons nos péchés à Dieu, il n'est pas déclaré que Dieu punira, mais qu'il pardonnera. Ainsi, nous jouissons de nouveau de la joie de l'amour de Dieu, lui que nous avions attristé par notre péché. Il est bon et normal pour le chrétien de prendre l'habitude de s'examiner et de confesser à Dieu tout péché dont il est conscient, et cela au moins chaque jour. C'est encore mieux de cultiver une réelle proximité avec Dieu : ainsi, quand le Saint-Esprit attire notre attention sur un péché dans notre vie, nous pouvons immédiatement le lui confesser.

La confession suppose la repentance, le renoncement au péché confessé. Confesser ses péchés sans les regretter et sans vouloir changer est vain. En confessant nos péchés et en croyant à sa promesse de nous accorder le pardon paternel, nous retrouvons une relation harmonieuse avec notre Père céleste. Néanmoins, si nous avons fait du tort à quelqu'un, nous ne connaîtrons la joie d'une relation ouverte et paisible avec

Dieu que lorsque nous aurons remis les choses en ordre avec cette personne. Le chrétien offensé par un autre peut lui aussi malheureusement rester sur ses positions de rancune, ce qui lui donnera le sentiment d'être loin de Dieu. Dieu est en effet attristé par une telle attitude chez ses enfants, et ne renouvellera la joie et la communion que lorsque nous aurons rétabli des relations harmonieuses, que nous soyons l'offensé ou l'offenseur (Matthieu 6.14-15). Le Seigneur attend notre repentance pour communiquer de nouveau l'assurance de son pardon paternel dans nos cœurs. En somme, le principe du livre des Proverbes reste toujours valable : « Celui qui dissimule ses fautes ne réussit pas. Mais celui qui les confesse et les délaisse trouve de la compassion » (Proverbes 28.13).

Comment définir le pardon ? Pourquoi Dieu pardonne-t-il ? Comment réagissons-nous face au pardon de Dieu ? Comment mettons-nous le pardon en pratique envers tous ceux qui nous ont offensés ou que nous avons offensés ?

Chapitre 23 : La justification

C'est un sujet merveilleux et profond. Tout être humain ressent tôt ou tard un besoin d'être en ordre [à cause du péché] avec Dieu et cherche alors des moyens [les religions] de se justifier devant lui. L'homme fait valoir toutes sortes de pratiques religieuses, de bonnes œuvres, d'amour du prochain, dans l'espoir de satisfaire à la justice de Dieu. Il peut même croire qu'il y arrive. Cependant il se trompe : ses efforts sont condamnés à l'échec, car ses œuvres [ses pratiques religieuses] seront toujours imparfaites et souillées aux yeux du Dieu Saint.

<ins>Le débit et le crédit</ins>

Le langage de la justification se rapproche à la fois de celui du tribunal et de celui de la comptabilité. En droit, un accusé est justifié par le juge dès que celui-ci décrète : « cet homme est innocent du crime dont il est accusé » ; il est justifié, il est acquitté. Il est important de noter que l'ordonnance de la justification est une déclaration légale [valable]. Dieu ne rend pas juste ; il déclare juste. Tel est le sens biblique de la justification : elle est le verdict, du Dieu-Juge qui est juste, selon lequel l'homme qui croit en Christ-Jésus est déclaré juste [innocent du péché] et, par conséquent, libre de toute condamnation. Pour ce qui est de la comptabilité, c'est comme si nous avions chacun un livre de comptes auprès de Dieu. Pour être accepté par le juste Juge, il faut que la colonne [crédit] de nos vies atteste une vie de justice complète, ayant accompli tout ce qui est juste. Et il faut, en plus, que dans la colonne « débit » n'y soit inscrit aucun péché, pas même la moindre désobéissance. Si notre livre de compte ressemblait à celui-ci, le Juge nous justifierait [déclarerait justes].

Il n'y a pas de juste

Mais il n'y a « Pas même un seul juste » ! (Romains 3.10) : Voilà le problème humain. Dieu dit : « Soyez donc parfaits » (Matthieu 5.48) et personne ne l'est. En réalité, nul n'a un compte auprès de Dieu avec suffisamment de « crédit », et puisque « tous ont péché » (Romains 3.23), tous ont enregistré des dettes impossibles à épurer (Matthieu 5.20). L'apôtre Paul était un de ces hommes religieux extrémistes [Pharisiens] renommés pour la rigueur de leurs pratiques, se croyant être « quant à la justice légale, irréprochable » (Philippiens 3.6). A vue humaine, si quelqu'un devait être justifié, c'était bien lui. Mais Dieu voyait ce que Paul n'a compris qu'après sa conversion à Christ : qu'il était pécheur comme tous les hommes. Sa propre justice [sentiment d'être juste] fondée sur sa pratique religieuse, n'avait aucune valeur devant Dieu (Esaïe 64.5), car trop souvent un mobile imparfait pourrit la pureté de nos actes. De plus la colonne des dettes [casier judiciaire] n'est jamais vierge. Mais s'il n'y a point de juste, comment Dieu peut-il nous justifier ? Comment Dieu peut-il déclarer justes les coupables que nous sommes ? Ne devrait-il pas plutôt faire tomber sur nous la juste sentence de condamnation ? Par quel moyen étrange arrive-t-il à déclarer justifiés ceux qui méritent son châtiment ?

Justifiés par sa grâce

Le salut, justification comprise, est l'œuvre de la grâce de Dieu (Ephésiens 2.8), c'est-à-dire que le salut a son origine dans la bonté généreuse de Dieu qui daigne l'accorder comme une faveur imméritée. Inutile de vouloir incliner le cœur de Dieu pour gagner sa faveur ou sa grâce. En effet, nos transgressions de sa loi et de sa volonté sont telles que Dieu a l'obligation morale à cause de sa sainteté de condamner. Mais il est un Dieu de grâce et d'amour ; il agit en Christ-Jésus son Fils pour nous sauver malgré nos défauts, et il est prêt à justifier les pécheurs par grâce [gratuitement] sans rien demander en retour.

Justifiés par son sang

Une justification aussi gratuite semble être le comble de l'injustice. Dieu fermerait-il les yeux devant le péché pour déclarer justes les injustes ? La justification n'a pu se faire que sur la base du sang répandu sur la croix (1Pierre 3.18). Parce qu'il s'est volontairement substitué à nous en subissant notre punition, la justice de Dieu est satisfaite. Voilà le cœur de l'Evangile. Grâce au sacrifice du Fils de Dieu, Dieu n'est pas injuste quand il justifie le pécheur repentant (Romains 3.23-26).

Justifiés par la foi

Dieu ne justifie pas pour autant tous les hommes, mais bien « celui qui a la foi en Jésus ». Le salut est accordé par Dieu à celui qui croit : ce message ressort très clairement du Nouveau Testament (Ephésiens 2.8 ; Jean 6.47 ; Actes 10.43 ; 1Pierre 1.9 ; etc..). L'apôtre Paul résume son argument : « Nous comptons que l'homme est justifié par la foi, sans les œuvres de la loi » dans sa lettre aux Romains (3.28). Par-là, il enseigne que nos œuvres n'ont aucune utilité quand il s'agit de recevoir le salut. Cet enseignement, l'apôtre, ancien pharisien, l'a trouvé valable dans son propre cas, comme il en témoigne aux chrétiens de la Galatie (Galates 2.16). Ce n'est donc pas en essayant de nous justifier par nos soi-disant pratiques religieuses que nous serons acceptés comme justes devant Dieu, mais bien en comptant sur lui pour nous justifier grâce à l'œuvre parfaite de son Fils Jésus-Christ. La foi est le moyen de recevoir la faveur de la justification que Dieu nous accorde (Romains 8.33), ce n'est pas à nous de chercher à nous justifier. Cette foi est-elle donc l'œuvre que l'homme doit accomplir pour mériter sa justification ? Nullement ! Elle est simplement le seul moyen de recevoir les dons invisibles que Dieu nous offre dans ses promesses, à savoir « le don de la grâce », « le don de la justice », le « don de la justification », et « le don gratuit de la vie éternelle » (Romains 5.15-17 ; 6.23). La foi n'a rien d'une œuvre méritoire ; elle accepte que Dieu ait tout accompli par la croix et qu'il ait tout fait pour nous sauver. Elle reçoit le « don inexprimable » qu'est le Christ-Jésus et avec lui, toutes les bénédictions que Dieu donne « en lui ».

Quand nous croyons, Dieu agit

Il faut préciser que la foi n'est pas purement intellectuelle. C'est un engagement du cœur par lequel le pécheur repentant se jette, pour ainsi dire, aux pieds du Seigneur, réclamant qu'il tienne sa parole en pardonnant aux repentants à cause de l'œuvre de Jésus-Christ. La foi c'est croire que la crucifixion de Christ a été suffisante pour effacer mes péchés, c'est remercier le Seigneur de ce qu'il « m'a aimé et s'est livré lui-même pour moi » (Galates 2.20), c'est avoir confiance : il me sauve. Même moi. Quand nous plaçons notre confiance pour notre salut, non pas en nos œuvres, mais dans le fait qu'il a tout accompli, nous sommes considérés et déclarés justes par Dieu, et par conséquent libres de toute condamnation.

Dieu règle les comptes

Pour pouvoir nous déclarer vraiment et valablement justes, Dieu accomplit au préalable deux opérations sur notre « livre de comptes » spirituel, pour reprendre cette façon d'illustrer notre cas judiciaire auprès de lui. Premièrement, Dieu nous pardonne tous nos péchés en annulant la condamnation légale que nous méritons. Ainsi, la colonne des dettes est totalement effacée : nous n'avons plus de dettes légales vis-à-vis de Dieu, car il accepte que Jésus les ait acquittées pour nous ; pour être sauvé, nul besoin de rien ajouter. La réponse à quiconque chercherait à nous condamner pour nos péchés est « Christ est mort » pour moi (Romains 8.34). C'est suffisant : ma dette est payée. La colonne crédit est, elle aussi, traitée par une deuxième œuvre de Dieu. La Bible explique que Dieu met la justice parfaite de Jésus-Christ à notre compte ! Christ a pris sur lui notre condamnation et il nous donne sa justice (2Corinthiens 5.32 ; Romains 5.17). L'apôtre Paul, dans un chapitre entier (Romains 4), dévoile cet acte extraordinaire de Dieu, par lequel il « impute » la justice au croyant : il met la justice sur notre « compte ». Pour Abraham la foi fut comptée [imputée] comme juste, de même en est-il pour nous : « A celui qui ne fait pas d'œuvre, mais croit en celui qui justifie l'impie, sa foi lui est comptée comme justice ». A celui qui croit en Jésus-Christ, Dieu impute, il transfère sur son compte, la justice de Christ. L'exemple de la foi d'Abraham est mis en valeur, « mais ce n'est pas à cause de lui seul, qu'il est écrit : cela lui fut compté, c'est aussi à cause de nous, à qui cela sera compté, nous qui croyons en celui qui a ressuscité d'entre les morts Jésus notre Seigneur ». « Dieu impute la justice » gratuitement à celui qui croit en son Fils et son sacrifice expiatoire, sans qu'il ait besoin de faire des œuvres pour la mériter. Dieu crédite donc notre compte de la justice qu'il exige. Avec raison l'apôtre Paul renonce donc à sa propre justice de pharisien, pour croire en Christ (Philippiens 3.9). Ayant fait cela, Dieu regarde notre compte. Que voit-il ? Rien que la justice de son Fils ! C'est pour cela qu'il peut nous déclarer justes, car il a œuvré favorablement sur notre cas judiciaire. Il a enlevé nos péchés et nous a donné la justice. Ainsi, il nous a justifiés ! « Etant donc justifiés par la foi, nous avons la paix avec Dieu par notre Seigneur Jésus-Christ » (Romains 5.1) : uniquement grâce à son œuvre. A lui soit donc toute la gloire !

Devant quel problème Dieu se trouvait-il, en considérant comment nous justifier ? Sur quelle base et par quel moyen sommes-nous justifiés ? A l'aide des deux images de la comptabilité et des tribunaux, expliquons en quoi consiste la justification ? Comment expliquer aux gens que Dieu déclare juste le pécheur ? Comment cette vérité s'applique-t-elle pratiquement à nos vies, notamment en ce qui concerne le sentiment de notre culpabilité ?

Chapitre 24 : La nouvelle naissance

Le salut accordé par Dieu apporte un remède complet aux conséquences désastreuses du péché. Le péché crée un double problème à l'homme : celui de sa culpabilité légale et celui de sa culpabilité morale. Autrement dit, il est condamnable pour ses péchés et il est dominé par le péché. La solution au premier problème, c'est le pardon et la justification par lesquels la culpabilité légale et la sentence de condamnation sont levées. Mais le salut de Dieu n'est pas uniquement un traitement légal et objectif. Il opère en même temps un changement dans la vie du pécheur en le faisant naître de nouveau. Ces deux aspects du salut sont complémentaires et indispensables.

Il faut que vous naissiez de nouveau

On reprochait à un prédicateur itinérant de toujours prêcher sur le thème de la nouvelle naissance, insistant partout où il voyageait sur l'importance pour l'homme de naître de nouveau. Quand on lui posa la question : « Pourquoi prêchez-vous si souvent sur les paroles « Il faut que vous naissiez de nouveau ? », il répondit simplement : « Parce qu'il faut que vous naissiez de nouveau ! ». Le thème de la nouvelle naissance est traité de façon formelle dans (Jean 3.3-8). Jésus est catégorique : il n'existe aucun moyen d'être sauvé sans passer par l'expérience de la nouvelle naissance. Ce n'est pas un luxe, c'est une nécessité absolue : « il faut que vous naissiez de nouveau ».

<u>Né de Dieu</u>

Cet homme religieux qu'était Nicodème est intrigué et confus devant cet enseignement et Jésus établit alors un parallèle entre la naissance physique « de la chair », et « la naissance spirituelle ». Il souligne à trois reprises que cette naissance doit être « de l'Esprit », ce qui signifie que c'est Dieu le Saint-Esprit qui l'opère. La naissance physique est à l'origine de la vie physique. La naissance opérée par l'Esprit de Dieu fait débuter une vie nouvelle, spirituelle. Le Saint-Esprit crée une vie nouvelle dans notre existence en communion avec Dieu. Notre vie est régénérée par l'intervention de Dieu le Saint-Esprit, dans les profondeurs de notre être. L'apôtre Jean explique comment ceux qui reçoivent Jésus-Christ comme Sauveur et Seigneur par la foi deviennent enfants de Dieu, en étant « nés [...] de Dieu » dans la famille du Père (Jean 1.12-13). Ceci représente une opération de Dieu si importante qu'en (2Corinthiens 5.17) elle est appelée une « création nouvelle ». Comme lors de la création Dieu souffla dans les narines d'Adam le souffle de vie, de même, l'Esprit de Dieu souffle dans nos cœurs la vie spirituelle. Le Saint-Esprit communique sa propre vie à notre esprit (1Corintiens 15.45). Cette naissance ne résulte donc pas « de la volonté de l'homme, mais de Dieu » (Jean 1.13). Il opère une œuvre que nous ne pourrions d'ailleurs jamais accomplir par nous-mêmes. Par nature nous sommes « morts par nos fautes » (Ephésiens 2.5) et notre propre volonté est incapable de nous faire naître à cette nouvelle vie. Elle doit nous être donnée par l'action de Dieu. Comme un Père engendre son enfant, Dieu le Père « a engendré [...] celui qui est né de lui » (1Jean 5.1).

La parole régénératrice

Dieu opère cette naissance d'une part, par son Esprit et d'autre part, par sa Parole. L'apôtre Jacques écrit que le Père « nous a engendrés selon sa volonté, par la parole de vérité » (Jacques 1.18). Ainsi, il enseigne que c'est la volonté de Dieu qui détermine l'accomplissement de ce miracle dans nos cœurs ; et Dieu utilise sa Parole pour le faire. L'apôtre dit de même (1Pierre 1.23,25). Cette naissance miraculeuse est accomplie selon la volonté souveraine du Père, par une action créatrice de l'Esprit. Mais cette création d'une vie nouvelle ne se fait pas sans l'intermédiaire de la Parole de Dieu, l'Evangile. En fait, cela signifie que la nouvelle naissance n'est pas une expérience spirituelle trouble ou mystique, indépendante de la connaissance de l'Evangile. C'est plutôt une expérience provenant de l'annonce de l'Evangile de Jésus-Christ et fondée sur celui-ci. Comme d'ailleurs toute expérience chrétienne valable. La raison en est assez évidente. La nouvelle naissance réalisée intérieurement, dans notre cœur, se manifeste toujours extérieurement, par notre conversion. Or, la conversion consiste en la repentance et la foi. Mais nous avons besoin de la Parole de Dieu pour révéler l'objet de notre foi et pour diriger notre repentance. Dans la pratique donc, c'est quand on écoute ou lit l'Evangile que le Saint-Esprit opère la régénération dans notre cœur. En effet, si l'Evangile change les vies, c'est parce qu'il est la « puissance de Dieu pour le salut de quiconque croit » (Romains 1.16). Dieu agit par lui pour faire naître de nouveau des pécheurs repentants.

Les fruits de la nouvelle naissance

Les chrétiens peuvent témoigner à la gloire de leur Sauveur, que « Dieu et Père [...] selon sa grande miséricorde, nous a régénérés » (1Pierre 1.3). C'est un événement si capital qu'on peut remarquer s'il a eu lieu dans sa propre vie ou non. Il produit une transformation profonde de notre être intérieur, nous donnant de nouvelles forces pour surmonter les tentations et une nouvelle motivation vers la sainteté. L'apôtre Jean note deux manifestations principales de la nouvelle naissance. Premièrement : « Quiconque croit que Jésus est le Christ est né de Dieu » (1Jean 5.1). La nouvelle naissance produit cette foi salutaire, qui saisit la grâce offerte par Jésus, sur la base de son œuvre expiatoire. Toute la vie en est transformée. Deuxièmement : « Quiconque est né de Dieu ne commet pas le péché » (1 Jean 3.9). La nouvelle naissance entraîne une repentance grâce à laquelle le converti se détourne du péché, de sorte qu'il ne peut plus, comme auparavant, s'y complaire. Sa vie est radicalement changée ; il ne sera plus jamais le même : il est né de nouveau.

En quoi la nouvelle naissance peut-elle être comparée à la naissance physique ? La nouvelle naissance se produit-elle à un moment précis ? Comment peut-on savoir si on est né de nouveau ? Qui réalise l'œuvre de la nouvelle naissance, et comment ? La nouvelle naissance se produit-elle avant ou après la conversion ? Quels résultats de la nouvelle naissance avez-vous expérimentés ?

Chapitre 25 : La conversion

La conversion est aussi indispensable que la nouvelle naissance (Jean 3.3 ; Matthieu 18.3). En comparant ces textes, il est clair que la nouvelle naissance et la conversion ne sont pas deux conditions séparées du salut, mais deux expressions de la même condition. Un changement radical doit intervenir dans le cœur et la vie du pécheur pour qu'il puisse être reçu dans la sainte présence de Dieu. En regardant ce changement du point de vue de Dieu, nous parlons d'une nouvelle naissance qu'il opère dans le cœur du repentant, tandis que du point de vue humain, nous parlons d'une conversion.

Changer de vie

L'idée contenue dans le mot « conversion » est synonyme de « se tourner » : se détourner de la voie du péché pour se tourner vers Dieu et suivre son chemin. Ainsi, la conversion est faite de repentance et de foi en Dieu et en Jésus-Christ, le Sauveur. Les convertis de Thessalonique en fournissent un bon exemple (1Thessalonociens 1.9). Ils se sont détournés de leur conduite idolâtre, pour s'engager dans une vie d'obéissance au Dieu véritable en qui ils ont cru. Dans l'Ancien Testament, Dieu lance un appel à son peuple rebelle (Ezéchiel 18. 30-32). L'homme étant fondamentalement pécheur et Dieu étant absolument saint, le seul moyen de renouveler la communion entre eux est que l'homme abandonne ses péchés au pied de la croix de Jésus et revienne humblement à Dieu dans un esprit de soumission et de foi. Sans cette conversion, l'homme demeure dans une attitude opposée à Dieu et à sa volonté et attire sur lui la colère de Dieu.

Convertissez-vous

Ainsi, lorsque Dieu s'adresse à l'homme par la prédication de l'Evangile, il appelle à la repentance et à la foi (Marc 1.15 ; Actes 2.38 ; 3.19 ; 20.21,24 ; 26.20-24). Au début, le message central de l'Eglise fut donc l'Evangile, la Bonne Nouvelle de la grâce de Dieu. L'apôtre Paul, lui, le résume dans (1Corinthiens 15.1-4). Le cœur de l'Evangile est donc la mort expiatoire de Christ. Il est le Sauveur proclamé par les apôtres (Actes 4.12 ;13.38-39). Après avoir annoncé le salut par la mort de Christ, les apôtres appellent les pécheurs à la conversion, car elle est le moyen de recevoir ce salut personnellement. En effet, la conversion implique deux engagements : se détourner du péché et croire de tout cœur en Jésus-Christ, le Sauveur ressuscité. Voilà en bref ce qu'a été la prédication des apôtres.

Les gens se convertissent

Grâce à cette prédication, des pécheurs se sont convertis, sont devenus chrétiens : 3000 le jour de la Pentecôte, et bientôt des milliers d'autres. C'est ainsi qu'est née l'Eglise, constituée par des gens convertis et nés de nouveau, leur vie ayant été radicalement changée par l'expérience de la conversion. A ce propos, il est important de préciser que le christianisme n'est pas uniquement une doctrine, un code moral ou une pratique religieuse. Le christianisme est essentiellement une relation personnelle avec Dieu, rendue possible, premièrement, grâce à l'œuvre de rédemption de Christ et, deuxièmement, par la conversion et la nouvelle naissance. La doctrine, la moralité et la pratique chrétiennes, si importantes soient-elles, peuvent être reçues par quelqu'un qui reste étranger à l'expérience de la conversion. Si on passe à côté de la conversion, on passe à côté du salut. Il est possible de connaître la doctrine chrétienne sans connaître Dieu, de chercher à suivre la moralité chrétienne sans chercher à connaître le pardon, de suivre la pratique chrétienne sans l'engagement du cœur. Voilà pourquoi l'expérience de la conversion est capitale ! La doctrine chrétienne devrait nous amener à l'expérience chrétienne de la conversion. La moralité chrétienne devrait être enseignée à ceux qui sont devenus chrétiens par la conversion. Quant à la pratique chrétienne, selon Jésus, si elle ne découle pas de l'amour et de la reconnaissance, fruits de la conversion, elle est vaine et inutile (Matthieu 7.22-23 ; 15.8-9).

Ma vie a-t-elle changé ?

Être sûr d'être converti, est donc d'une importance primordiale. Pour être clair à ce sujet, nous devons admettre que la conversion n'est pas un processus, mais un évènement. Une comparaison avec la naissance nous aide ici. La naissance de chaque bébé est enregistrée à la minute près par l'obstétricien [médecin qui accouche] et l'enfant célébrera chaque année le jour de son anniversaire. Il est vrai que sa naissance est devancée de neuf mois de gestation dans le ventre de la mère et ensuite après l'accouchement elle est suivie de mois et d'années de croissance, mais la naissance en elle-même a lieu à un moment précis. La conversion, la nouvelle naissance, le don de Dieu d'une vie nouvelle, ont lieu aussi, à un moment donné connu de Dieu. Cette conversion est devancée d'une gestation opérée par l'Esprit Saint et par un moment où l'on entend et comprend l'Evangile du salut. Elle est suivie d'un changement radical et qui va en grandissant, et cela pour des années. Mais il y a un moment où l'on « passe de la mort [spirituelle] à la vie » (Jean 5.24), où l'on « devient enfant de Dieu » (Jean 1.12), où l'on « naît de nouveau » (Jean 3.3).

Comment savoir si on est vraiment converti ? Posons-nous les questions suivantes :

Dans quelle direction est-ce que je marche ? Avant de se convertir, on marche dans l'égoïsme, ou le péché de l'indifférence à la volonté de Dieu. Or, la conversion, c'est faire demi-tour. Dès lors, l'orientation actuelle de ma vie est-elle de plaire et d'obéir à Dieu ? Ai-je renoncé effectivement au péché ? Certains enfants de familles chrétiennes se convertissent si jeunes qu'ils ne se rappellent pas bien leur vie avant leur conversion. D'autres ne savent pas donner une date à leur conversion parce qu'elle a eu lieu dans un cheminement prolongé. Que l'on se rassure : si on maintient une attitude de repentance à l'égard du péché et qu'on sait par la foi que Jésus-Christ est mort pour soi, on peut en conclure qu'il y a bien eu conversion.

Les fruits de la conversion se voient-ils ? Car, par définition, la conversion produit un changement de vie, une nouvelle naissance. Parlant des faux prophètes, Jésus dit : « Vous les reconnaîtrez à leurs fruits » (Matthieu 7.15-16). S'il n'y a pas de fruits, il n'y a donc pas de véritable conversion. Le Nouveau Testament donne plusieurs indications sur ce qu'est ce « fruit de justice » (Philippiens 1.11), révélateur de la conversion : la communion avec Dieu dans la prière, l'amour pour Dieu, la vie en rapport avec lui comme enfant du Père céleste, la reconnaissance, la louange, l'adoration envers Dieu, une vie d'amour et d'obéissance à la volonté de Dieu, de croissance dans la sainteté, une vie nourrie de la Parole de Dieu, grandissant dans la foi, produisant le fruit de l'Esprit (Galates 5.22). Ces fruits ne doivent pas être manifestés dans la perfection pour attester notre conversion, mais si notre vie s'est enrichie ainsi, si nous expérimentons personnellement les fruits de cette vie nouvelle, nous pouvons être assurés de la validité de notre conversion. Si tel n'est pas notre cas, nous sommes invités à répondre à l'appel de Dieu, à la repentance et à la foi.

Quelles sont les différences entre nouvelle naissance et conversion ? Quel est le lien entre l'Evangile et le salut ? Toute nouvelle naissance implique-t-elle une conversion ? Peut-on croire que l'on est converti sans l'être réellement ? Par quoi se remarque une conversion ?

Chapitre 26 : La repentance

Lorsque les hommes vivent loin de Dieu, Dieu use de patience envers eux (2Pierre 3.9). Eloignés de Dieu, les hommes ignorent son appel (Actes 17.30). Mais Dieu veut le salut des hommes ; c'est pourquoi il a envoyé son Fils accomplir l'expiation (=l'enlèvement du péché) sans laquelle il n'y a pas de salut possible. C'est la raison pour laquelle il exige la repentance, car elle est la condition indispensable pour saisir le salut qu'Il offre. C'est plus qu'une invitation, c'est une sommation [avertissement] de la part de Dieu. Jésus est formel : « Si vous ne vous repentez pas, vous périrez » (Luc 13.3,5). « Repentez-vous donc » (Actes 3.19).

Un changement de mentalité

L'homme pécheur est ainsi interpellé par un Dieu Sauveur, infiniment sage et absolument saint. L'homme ne peut accéder à la communion avec Dieu sans un profond changement issu de la repentance. Le mot implique une double transformation qui doit avoir lieu dans le cœur de l'homme. Il lui faut abandonner son ignorance pour embrasser la vérité de Dieu. Il fait alors face à la sagesse et à la sainteté de Dieu. D'abord, quand la vérité de l'Evangile lui est annoncée, l'homme doit se soumettre à Dieu dans le domaine de l'intelligence. Jusqu'ici, il comprenait l'univers à sa façon humaine. Désormais, il acceptera la révélation de Dieu et cela ne peut se faire sans un changement profond quant à ses conceptions sur Dieu, sur le péché et le sens véritable de la vie. L'homme commence alors à comprendre que Dieu, et non pas lui, devrait occuper la place centrale dans ses pensées. Il saisit le fait que Dieu est son Créateur et son Juge et qu'il est responsable devant lui de sa conduite. Il prend conscience des exigences de la loi de Dieu, et à cette lumière, il se découvre pécheur. Il se rend compte de la gravité de son péché et de la juste mort qu'il mérite. Il en conclut qu'il ne peut plus rester indifférent ou rebelle, mais qu'il doit se repentir s'il veut avoir la vraie vie.

Un changement de vie

Ainsi, l'essentiel de la repentance est la décision de se détourner de tout ce que Dieu appelle péché, grâce à cette nouvelle compréhension des choses. Le sens de la repentance n'est donc pas tant le changement de vie qui en découle mais surtout la volonté de changer. Autrement dit ce n'est pas un processus, mais une décision. La transformation suivra, sinon la décision n'aura pas été sincère. Mais la repentance, l'engagement décisif, est distingué du « fruit digne de la repentance » (Matthieu 3.8) qui en le résultat. Quand le pécheur accepte de se repentir, il ne se rend pas compte de l'étendue de son engagement. Il commence à se défaire du péché dont il a conscience et à combattre contre le mal en général. Plus la lumière de la Parole illumine sa vie, plus il apprendra à quel point le péché a des racines profondes dans sa vie et sa repentance aura des effets de plus en plus importants. Mais l'essentiel est que la direction de sa vie soit changée. Il ne veut plus vivre dans le péché, mais selon la volonté de Dieu. Dans la pratique, sa repentance grandira avec le temps. Il apprendra de plus en plus à quel point Dieu déteste le péché et il adoptera la même perspective pour toujours avoir « le mal en horreur » (Romains 12.9). Ainsi sa repentance deviendra une attitude encore plus solidement ancrée dans son cœur, pour refuser tout ce qui n'est pas en accord avec la volonté de Dieu.

La repentance n'est pas la conversion

Précisons à nouveau que la conversion n'est pas uniquement la repentance, mais demande aussi la foi en Jésus-Christ. Ceci explique deux malentendus que nous rencontrons parfois. Certains sont très zélés et disciplinés dans la repentance, qui est alors seulement le regret du mal commis, mais ne connaissent pas la foi en Christ comme Sauveur et Seigneur. Ces personnes peuvent facilement croire qu'elles sont en ordre avec Dieu, tant leur discipline est forte. Mais, il n'en est rien. La vraie repentance est suivie de l'engagement à obéir à Dieu, elle n'est toutefois que notre devoir et ne sauve pas. La foi est indispensable aussi pour recevoir le pardon que la repentance seule ne peut jamais obtenir. La repentance nous dispose favorablement à l'exercice de la foi en Christ qui Sauve. D'autres confondent repentance et conversion. Ils pensent que, puisque nous devons nous repentir tout au long de la vie, la conversion n'est pas effectivement réalisée. De telles personnes hésitent à dire qu'elles sont converties, préférant exprimer la notion de « cheminement » ou de « processus de conversion ». Si la conversion et la repentance signifiaient la même chose, personne ne serait converti car nous devons renouveler et maintenir notre repentance tous les jours pour ne pas nous enorgueillir ni nous croire justes et saints par nous-mêmes. En principe, nous nous repentons pour la première fois lors de notre conversion. C'est le jour où nous plaçons notre foi en notre Seigneur Jésus-Christ pour notre salut. Par cette double décision, nous nous sommes convertis. Après cet engagement, il n'est plus jamais question de se convertir encore une fois. Quelqu'un qui naît de nouveau ne doit pas encore renaître de nouveau ! A partir de la nouvelle naissance, on a la nouvelle vie : à partir de la conversion, on est converti. L'apôtre Paul rappelle aux Thessaloniciens cette expérience unique en leur écrivant : « Vous vous êtes convertis à Dieu » (1Tessaloniciens 1.9). Cependant, après la conversion au cours de laquelle on a adopté une attitude de repentance envers le péché, le chrétien doit se repentir chaque fois qu'il prend conscience d'avoir offensé Dieu dans sa conduite. L'exhortation à la repentance n'est donc pas uniquement pour l'inconverti. Le chrétien, tenté de se plaire dans certains péchés, doit aussi être stimulé à examiner sa vie et à maintenir la pratique de la repentance tout au long de sa vie.

<u>La repentance, un don de Dieu</u>

La décision de la repentance va à l'encontre de la nature pécheresse de l'homme. L'homme sans Christ est spirituellement mort à cause de ses péchés (Éphésiens 2.1) ; il est un enfant de colère (Éphésiens 2.3), et est sous la maîtrise du mal au point d'être « esclave du péché » (Jean 8.34). Il ne voudrait donc jamais spontanément abandonner ses péchés. Se trouvant « captif de la loi du péché » (Romains 7.23). Il ne possède pas en lui-même le pouvoir d'en sortir. Le secours doit lui venir de l'extérieur : c'est le Sauveur qui l'apporte dans sa grâce par la nouvelle naissance. Le pécheur est poussé à la repentance grâce à l'œuvre du Saint-Esprit. Quand il se détourne de son péché et qu'il secoue le fardeau de la dictature du péché qui le dominait, il ne doit pas s'en féliciter comme s'il avait quelque mérite à cela. Mais il doit y voir plutôt l'intervention de la grâce de Dieu dans sa situation désespérée. Nous pouvons simplifier (Romains 7.18) ainsi : « Le bien n'habite pas en moi, en ma nature pécheresse, dit l'apôtre Paul, si j'ai le désir d'en être quitte et de faire le bien, je n'en ai pas le pouvoir ». Voyant notre incapacité de nous libérer de cet esclavage, Dieu, par l'action de son Saint-Esprit dans le cœur, accorde à l'homme le vouloir, et le pouvoir de se repentir réellement. Non seulement le salut est un don de la grâce de Dieu, mais la repentance, moyen indispensable au salut, l'est aussi (Actes 5.31). Ainsi, les convertis ne peuvent ni s'enorgueillir ni se vanter d'être sauvés, car c'est Dieu qui a accordé « la repentance aussi aux païens [non-croyant], afin qu'ils aient la vie » (Actes 11.18). Toute la gloire en revient au Sauveur.

En quoi consiste la repentance ? La repentance, don de Dieu ou responsabilité de l'homme ? Pourquoi ne parlons-nous pas

d'actes de pénitence comme disent souvent les Catholiques ?
Comment le chrétien maintient-il sa démarche de repentance ?

Chapitre 27 : La foi

Dans (Hébreux 11), le grand chapitre sur la foi dans la Bible, nous lisons : « Sans la foi, il est impossible de lui [Dieu] plaire » (verset 6). Ce principe fondamental est ensuite illustré par de nombreux exemples d'hommes dont la foi est éprouvée par Dieu, tel Abraham « le père de tous ceux qui croient » (Romains 4.11). Ces exemples démontrent l'importance capitale de la foi dans nos rapports avec Dieu. Dieu est esprit, invisible, de ce fait, dans nos relations avec lui, obligatoirement, « nous marchons par la foi et non par la vue » (2Corinthiens 5.7). Tout ce que nous apprenons de Dieu, nous le recevons par la foi, c'est-à-dire, en croyant.

<u>Tous ont-ils la foi ?</u>

La foi est simplement le fait de croire, comme la vue est le fait de voir. Si nous voyons un objet, nous savons que nous possédons la vue. De même, si nous croyons à quelque chose, nous savons que nous avons de la foi. Dans ce sens, tous ont la foi et nous exerçons cette foi, chaque jour, de mille et une façons. Tous les hommes croient à leur philosophie de vie, qu'elle soit matérialiste, religieuse ou autre. On répond à la question de savoir s'il y a une vie après la mort, par l'expression « je crois » ou « je ne crois pas ». Chacun a son opinion et a foi en son opinion. Dans la vie courante, nous avons foi dans le conducteur de bus ou de métro, dans l'agent police, dans l'inconnu à qui nous demandons un renseignement. A longueur de journée nous vivons par la foi dans les gens que nous fréquentons. Croire est donc une faculté humaine parfaitement naturelle. Alors que veut dire l'apôtre Paul quand il écrit : « Tous n'ont pas la foi » (2Thessaloniciens 3.2) ? Il parle évidemment de la foi en Christ. L'apôtre prêche Christ et cherche à amener les gens à la foi en Christ (Romains 10.17). Ici, la notion biblique de foi a un sens très restreint. Il s'agit d'une foi spécifique en Jésus-Christ comme Sauveur et Seigneur. Tous n'ont pas cette foi-là.

Foi objective et foi subjective

Le mot « foi » est utilisé dans le Nouveau Testament pour résumer le contenu de l'enseignement chrétien, ce en quoi les chrétiens croient. Ainsi, disaient-ils de l'apôtre Paul après sa conversion : « il annonce maintenant la foi qu'il voulait alors détruire » (Galates 1.23), et Jude écrit que nous devons « combattre pour la foi qui a été transmise une fois pour toutes » (Jude 3). Il s'agit ici d'un ensemble de vérités contenues dans la Bible : c'est **la foi objective**. Les chrétiens cherchent à comprendre correctement, à garder honnêtement et à transmettre fidèlement cette foi que leur ont transmise les apôtres dans leurs écrits inspirés par l'Esprit de Dieu, dans l'Ecriture sainte.

La **foi subjective** se définit comme la foi d'une personne, sa conviction, sa confiance, son engagement de foi, le fait qu'elle croit. Il y a donc une distinction à faire entre deux choses : [croire], à savoir le croyant, d'une part, et, d'autre part, le sujet de sa foi, la chose, la personne en qui il croit [Jésus-Christ] et l'enseignement auquel il croit [la Bible]. Un chrétien peut donc avoir une conviction subjective ferme concernant une doctrine objectivement fausse. De même, il est possible d'avoir une foi très faible et incertaine de la vérité objective révélée par Dieu. L'important n'est pas tant l'intensité de la conviction intérieure mais bien l'objet de la confiance : est-il digne de foi ?

La foi qui sauve

La Bible dit que notre salut dépend de la foi (Ephésiens 2.8). Dieu, dans sa grâce a tout prévu pour nous offrir un salut gratuit. Le moyen de recevoir ce salut est la foi. Ce n'est pas par le moyen des œuvres (Galates 2.16). A la question capitale : « Que faut-il que je fasse pour être sauvé ? » la réponse est : « Crois au Seigneur Jésus, et tu seras sauvé » (Actes 16. 30-31). L'annonce du salut se termine par un appel à « la repentance envers Dieu et à la foi en notre Seigneur Jésus » (Actes 20.21). C'est exactement le message de repentance et de foi qu'annonce Jésus-Christ (Marc 1.15). Il répète continuellement dans l'évangile selon Jean que « quiconque croit en lui a la vie éternelle » (Jean 3.14-16, 36 ; 5.24 ; 6.47). L'inverse est vrai aussi ! « Celui qui ne croit pas est déjà jugé » (Jean 3.18,36 ; Marc 16.15-16), car il ne peut être agréable à Dieu sans la foi (Hébreux 11.6).

La foi, la connaissance et l'humilité

La foi, comme l'amour, est un sentiment dont tout être humain est capable, même les enfants. Cependant, un certain degré de connaissance est indispensable (Romains 10.4). Dans le contexte de cette citation, l'apôtre Paul raisonne d'une manière très logique : on ne peut être sauvé que par la foi en Christ ; or pour avoir cette foi, il faut d'abord entendre l'Evangile, puis ceux qui l'ont entendu doivent y adhérer, croire qu'il dit vrai. Voilà pourquoi Jésus, après avoir accompli l'expiation par sa mort et sa résurrection, envoie ses disciples prêcher cette Bonne Nouvelle au monde entier, promettant que ceux qui croiront seront sauvés (Marc 16.15-16). La foi qui sauve n'est donc pas une foi vague, sans contenu ; ce n'est pas se convaincre qu'on est sauvé, ni avoir la foi en sa propre foi. La véritable foi est celle des premiers chrétiens, dont il est écrit : « Après avoir entendu la parole de la vérité, l'Evangile de votre salut, en [Christ], vous avez cru » (Ephésiens 1.13). L'écoute et la connaissance, complétées par l'adhésion d'un cœur humble, mènent à la foi en Christ. A Corinthe, l'apôtre Paul prêche l'Evangile : « Christ est mort pour nos péchés » (1Corinthiens 15.3). Il prêche la croix de Christ, bien qu'elle paraisse « une folie » aux yeux des gens du monde, car il sait qu'il « a plu à Dieu de sauver les croyants par la folie de la prédication » (1Corinthiens 1.18,21). Ainsi, leur foi est fondée non sur une sagesse humaine, mais sur ce que Dieu a accompli en Jésus pour leur salut (1Corintiens 2.4). Le message de la croix est « une puissance de Dieu pour le salut de quiconque croit » (Romains 1.16), mais il est une pierre d'achoppement pour les orgueilleux. Ceux-ci, bien souvent, ne veulent pas admettre qu'ils sont des pécheurs ayant besoin de salut : ils se croient bons et justes. Mais même s'ils sont prêts à reconnaître leur besoin de salut, ils préfèrent le gagner à force d'efforts personnels, plutôt que d'admettre qu'ils ne peuvent pas le mériter. Ils sont trop fiers pour accepter le salut comme un don gratuit reçu par la foi. L'orgueil les maintient dans l'incrédulité et donc dans la perdition. En plus de la connaissance de l'Evangile, il faut donc de l'humilité (Jacques 4.6 ; Ephésiens 2.8-9).

<u>Comment croire ?</u>

Il faut la connaissance de l'Evangile pour pouvoir croire, mais la foi qui sauve est plus que l'acceptation de doctrines ou de vérités. Elle est essentiellement une question de confiance. Voici la question qui est au cœur de la démarche : En qui, en quoi, ai-je placé ma confiance pour mon salut ? Il semble que l'homme puisse placer sa confiance dans une de ces trois possibilités :

1. En lui-même

En sa pratique religieuse, sa vie irréprochable, sa justice personnelle acquise. Par cette foi en soi, on espère pouvoir réussir à l'examen du tribunal de Christ et de Dieu. De tels croyants feraient beaucoup mieux de penser comme l'apôtre Paul (Philippiens 3.7-9). Le premier pas vers la véritable foi est d'abandonner la foi mauvaise. Pour ceux qui croient en leur justice personnelle, mieux vaut qu'ils se rendent compte le plus tôt possible combien leur propre justice est insuffisante aux yeux de Dieu. Ainsi, ils ne seront pas désillusionnés quand il sera trop tard, c'est-à-dire au jour du jugement.

2. En la bonté de Dieu

Cette forme de foi est meilleure que la précédente, en ceci que les yeux de la foi sont dirigés vers Dieu plutôt que vers soi-même. Il est bon de contempler la miséricorde de Dieu et de croire en sa bonté envers les hommes. Cependant, dans ce cas, ce qui est bon peut être l'ennemi de ce qui est mieux : une foi globale en la bonté de Dieu n'est pas suffisante pour recevoir le salut. Cette foi devrait nous conduire plus loin, à la troisième possibilité. Sinon, elle se rapproche de la première optique : « Je ne suis quand même pas si mauvais que ça et je compte sur le fait que Dieu est bon ». Ainsi, une foi vague dans la bonté de Dieu, ignorant la justice absolue de son jugement et le moyen qu'il a prévu pour le salut par la mort de Christ, devient le soutien de l'orgueil humain. Elle risque, elle aussi, de causer une grande déception le jour du jugement (Matthieu 7.21 ; Luc 13.24-27).

3. En la personne et en l'œuvre de Christ

Ce n'est qu'en nous appropriant les bénéfices du salut accompli par Christ et en recevant par lui le pardon et la justification, que notre foi peut se reposer en sécurité. Cette foi va plus loin qu'une simple compréhension de l'Evangile. C'est une réponse du cœur pour Christ, qui permet de le recevoir comme Seigneur de sa vie, en se soumettant à sa Seigneurie. C'est donc un engagement lié à la repentance. On ne peut pas recevoir le pardon par la foi sans vouloir aussi abandonner le péché par la repentance. L'essentiel de cette foi peut se résumer dans cette prière comme celle qui suit, par laquelle nous concrétisons notre foi et nous nous engageons avec Christ.

Prière :

« Seigneur Jésus, je reconnais que je suis un pécheur et que je mérite d'être jugé. Mais je crois que tu m'as aimé, que tu t'es donné pour moi, que tu es mort à ma place portant la punition que je mérite, et que tu es ressuscité d'entre les morts. Je t'en remercie du fond de mon cœur et je te reçois aujourd'hui dans mon cœur comme Sauveur personnel et comme le Seigneur de ma vie. Je te remercie de m'accorder, selon tes promesses, le pardon de mes péchés, la justification et la vie éternelle. Je m'engage à vivre désormais avec toi, en tâchant, avec ton aide, de toujours faire ta volonté et de me détourner de tout péché ».

Ainsi, une double décision est prise : placer sa confiance pour son salut en Christ et en sa mort expiatoire, et non en ses propres mérites, et vivre désormais pour Christ, le nouveau maître de sa vie, en signe de reconnaissance pour le salut. De cet engagement de la foi en Christ dépend le salut. Si vous, lecteur, n'êtes pas sûr d'être parvenu à cette foi ferme en Christ, prenez le temps de vous retirer dans un lieu tranquille afin de relire la prière. Si elle correspond à vos aspirations, faites-en usage pour prier Dieu et engagez-vous. Une nouvelle vie s'ouvrira devant vous alors que vous expérimentez la grâce de Dieu.

Quelles sont les différences entre la foi objective et la foi subjective ? Qu'est-ce qui distingue la foi qui sauve des autres sortes de foi ? Quel est le rapport entre la foi du chrétien et la notion de mérite ? Que faut-il croire pour être sauvé ? Pourquoi le salut s'obtient-il par la foi ? Par quels moyens pouvons-nous en amener d'autres au pas décisif de la foi ?

Chapitre 28 : Le don du Saint-Esprit

Au moment de la conversion par la foi en Christ, beaucoup de choses se passent : pour simplifier, le pécheur passe du camp des perdus à celui des sauvés (Actes 26.18). Nous pouvons résumer ainsi les deux bénédictions principales reçues à la conversion : une différence dans notre état légal devant Dieu et une différence dans notre expérience vécue. Les deux bénédictions sont données ensemble, mais il faut les distinguer. La première est objective, c'est-à-dire qu'elle se produit hors de nous : Dieu nous justifie, ayant pardonné nos offenses. La seconde est subjective, elle concerne une transformation interne : Dieu nous donne une vie nouvelle. Ces deux bénédictions sont celles promises par l'apôtre Pierre, au nom du Seigneur, quand, le jour de la Pentecôte, il annonce l'Evangile du salut (Actes 2.38). Une fois ces deux conditions remplies [repentance et foi en Jésus-Christ manifestées par le baptême], il promet les deux bénédictions : le pardon des péchés et le don du Saint-Esprit. Dieu nous justifie légalement, et, en nous accordant le Saint-Esprit, il nous donne aussi une vie nouvelle.

<u>En Christ</u>

Le changement produit par le don de cette vie nouvelle est le fruit d'une œuvre créatrice de Dieu (2Corinthiens 5.17). L'expression utilisée ici pour décrire l'expérience de la conversion est « être en Christ ». Pour l'apôtre Paul, un chrétien est « un homme en Christ » (2Corinthiens 12.2). Dans le Nouveau Testament, il est parfois aussi question de « Christ en vous » (Colossiens 1.27). L'apôtre utilise cette expression quand il exhorte ses lecteurs à vérifier s'ils sont de véritables chrétiens (2Corinthiens 13.5). Un vrai chrétien a le Christ en lui ; il est aussi « en Christ ». Jésus le confirme, quand il dit à ses disciples : « Demeurez en moi, comme moi en vous » (Jean 15.4), après s'être comparé lui-même à un cep de vigne dont ses disciples sont les sarments. Une autre image de l'union du croyant à Jésus est le corps, dont Jésus est la tête et ses disciples les membres. Selon les deux images, c'est la vie de Jésus qui est communiquée à ceux qui sont en lui. C'est donc lors de la nouvelle naissance que notre vie est unie en Christ, et que Christ vient demeurer en nous (1Corinthiens 1.30). C'est donc Dieu qui réalise une union spirituelle et réelle entre le chrétien et son Seigneur.

Ainsi, le converti est « en Christ » et Christ est en lui. Il peut affirmer comme Paul : « Christ est ma vie » (Philippiens 1.21) et : « Ce n'est plus moi qui vis, c'est Christ, qui vit en moi » (Galates 2.20). Le chrétien ne perd pas pour autant son identité propre, mais Christ établit sa demeure chez lui. Il vit et travaille ainsi en lui et par lui. C'est le Saint-Esprit qui réalise cette union spirituelle. Son rôle est de glorifier Christ en communiquant sa plénitude aux croyants (Jean 1.16 ; 16.14). Pour cela, il commence par nous baptiser en Christ, nous unissant à Christ comme des membres de son corps (1Corinthiens 12.13). Tous ceux qui sont « en Christ » ont été « baptisés en Christ » (Romains 6.3 ; Galates 3.27), œuvre initiale de l'Esprit dans le croyant, dont le baptême d'eau est le symbole. Par cette union, tout chrétien né de nouveau a la vie de Christ en lui ; et Christ vit en nous par « le Saint-Esprit qui habite en nous » (2Timothée 1.14 ; Romains 8.9-11).

<u>Le Saint-Esprit consolateur</u>

Tout cela, Jésus lui-même l'a prévu, car il en parle à ses disciples la veille de sa mort. Expliquant qu'il va partir auprès du Père, il révèle à ses disciples que le Saint-Esprit viendra le remplacer pour les épauler et les conduire dans toute la vérité (Jean 14.16-17). Mais dire que l'Esprit de Christ demeure en nous, c'est dire que Jésus lui-même habite en nous par son

Esprit. Et le même Esprit de Dieu communique la vie du Père céleste dans nos cœurs, comme le dit Jésus (Jean 14.23). Ainsi, par l'action de l'Esprit saint, la présence de notre Dieu trinitaire est rendue réelle dans notre esprit et la vie du chrétien est animée par la vie sainte de Dieu lui-même. Nous devenons « participants de la nature de Dieu » (2Pierre 1.4), non que nous soyons des dieux, mais les humbles « vases de terre » que nous sommes sont habités par le « trésor » de la vie de l'Esprit (2Corinthiens 4.7,10).

On ne devrait pas définir un chrétien par ce qu'il fait, car un hypocrite peut en faire autant. Le chrétien est plutôt quelqu'un qui a expérimenté la réalité de la nouvelle naissance et qui est habité par l'Esprit. Si ce n'est pas le cas (Romains 8.9) affirme que l'on n'appartient pas à Christ, c'est-à-dire que l'on n'est pas vraiment chrétien. C'est pourquoi l'apôtre Paul s'étonne en posant la question aux chrétiens de Corinthe : « Ne savez-vous pas ceci : votre corps est le temple du Saint-Esprit qui habite en vous et que vous avez reçu de Dieu, et vous n'êtes pas à vous-mêmes ? » (1Corinthiens 6.19). Ce que les Corinthiens semblent ignorer est mieux connu de l'apôtre Jean et de ses lecteurs : « Nous connaissons à ceci (= au fait de garder les commandements de Dieu) qu'il demeure en nous, par l'Esprit qu'il nous a donné » (1Jean 3.24).

<u>En Adam ou en Christ</u>

Dieu a commencé une nouvelle création, en Christ et par l'œuvre de l'Esprit. L'humanité provenant d'Adam hérite d'un double problème : la corruption de notre vie intérieure et la culpabilité de notre condition devant Dieu, qui mène à la juste condamnation. Mais Christ, qui est appelé le « dernier Adam » (1Corinthiens 15.45), crée une nouvelle humanité. Les hommes qui la constituent, Dieu les a choisis en Christ (Ephésiens 1.4), les a unis à Christ (1Corintiens 1.30), les a justifiés en Christ (Galates 2.17) et les a bénis en Christ de toutes bénédictions spirituelles (Ephésiens 1.3). Les deux bénédictions principales dénouent les deux problèmes créés par Adam. Par la désobéissance d'Adam, « beaucoup ont été rendus pécheurs » ; en étant unis à Christ, ceux qui sont sauvés sont rendus justes et saints par l'œuvre du Saint-Esprit en eux. Leur vie est renouvelée dans la sainteté et leur conduite en est transformée. Aussi, par la désobéissance d'Adam, « la condamnation s'étend à tous les hommes », mais grâce à l'œuvre de Christ, le Fils obéissant, la justification est accordée à tous ceux qui sont unis à lui et qui sont placés au bénéfice de sa rédemption (Romains 5.18-19). « Comme tous meurent en Adam, de même aussi tous revivront en Christ » (1Corinthiens 15.22). (1) Au lieu d'être condamné à la mort éternelle, on reçoit en Christ la vie éternelle, fruit de la justification. (2) Au lieu de la mort spirituelle, on reçoit en Christ la vie spirituelle, la communion avec Dieu et la sanctification. Ces deux bénédictions sont données à tous les convertis. On ne reçoit pas l'acquittement juridique sans la vie nouvelle implantée par le Saint-Esprit, pas plus qu'on ne peut recevoir l'Esprit de Christ sans le pardon entier de nos péchés. Les deux sont inséparables mais néanmoins distincts : Dieu accorde les deux à tous les sauvés, gratuitement, par grâce.

Qui demeure en nous, si nous sommes chrétiens ? Quels sont le sens et l'importance de l'expression biblique « en Christ » ? Quelle est la condition pour recevoir le Saint-Esprit ? Quel ministère le Saint-Esprit accomplit-il dans le chrétien ? Pourquoi Dieu a-t-il choisi de nous donner son Esprit ? Quelles différences la prise de conscience du Saint-Esprit va-t-elle produire dans notre vie ?

Chapitre 29 : L'assurance du salut

Nous avons considéré les deux parties du salut, accordées « en Christ » : La partie légale, la justification [déclaré juste] (Romains 8.1) ; La partie vitale, la nouvelle naissance, grâce à laquelle notre vie est transformée (2Corinthiens 5.17). Les deux aspects du salut sont accomplis sur la base de l'œuvre de Christ à la croix et tous les deux sont appliqués au croyant au même moment, quand il est « en Christ », c'est-à-dire à sa conversion. Quelqu'un qui est né de nouveau est donc justifié, et celui qui est justifié est né de nouveau. En effet les différentes facettes du salut sont les aspects d'un seul don accordé définitivement par le Seigneur à ceux qui croient.

Peut-on en être certain de notre salut ?

Si nous sommes véritablement les enfants de Dieu, il nous donne les moyens d'en être assurés. Nous pouvons être certains de notre salut (1Jean 5.13). Ayant cru en Christ lors de la conversion, nous pouvons faire un pas de plus dans la foi, et croire que Dieu nous a justifiés, nous a délivrés de la condamnation future. Nous savons que nous sommes justifiés [déclarés justes] si nous sommes nés de nouveau, et nous ne pouvons pas être nés de nouveau sans que se produisent des changements dans notre vie. Si ces changements se manifestent dans notre vie, nous pouvons en déduire que nous sommes nés de Dieu et justifiés [sauvés]. Le tout est de connaître les normes par lesquelles mesurer notre expérience, au nombre de deux : les fruits de la nouvelle naissance et le témoignage intérieur de l'Esprit. Par ces deux éléments, nous pouvons être amenés à la certitude du salut et dire que Dieu « nous a sauvés » (2Timothée 1.9).

Les fruits de la nouvelle naissance

Une nouvelle naissance produit une nouvelle vie. La marque principale d'un converti est qu'en lui jaillit une vie sainte jusqu'alors inconnue. Une puissance de sainteté, l'influence personnelle du Saint-Esprit, se fait sentir dans son cœur, ses attitudes, ses pensées et sa conduite. « Le fruit de l'Esprit », présent est actif dans le vrai chrétien (Galates 5.22). Evidemment, ces qualités spirituelles ne se trouvent pas toutes pleinement en chaque chrétien. Le chrétien grandit dans ces grâces et, quand cette croissance dans la sainteté se trouve dans son cœur, il sait que c'est le fruit de la présence et de l'action du Saint-Esprit en lui (1Jean 3.24 ; 4.13). L'apôtre Jean indique le moyen de cette certitude : la présence intérieure du Saint-Esprit de Dieu. Selon l'apôtre Paul, quand « l'Esprit de Dieu habite en vous », vous vivez « selon l'Esprit » (Romains 8.9). « Ceux qui vivent selon l'Esprit saint se préoccupent des désirs de l'Esprit » (Romains 8.5). Les croyants marchent selon l'Esprit, sont conduits par l'Esprit, et surmontent par l'Esprit les tentations au mal provenant de leur nature pécheresse (Galates 5.16-25). La Parole de Dieu affirme que la raison d'une telle expérience purificatrice provient du fait que nous sommes nés de nouveau (Romains 8.14).

Dans sa lettre, l'apôtre Jean mentionne deux fruits importants qui attestent de notre conversion : la justice et l'amour (1Jean 3.7). C'est par l'obéissance aux commandements de Dieu que cette justice se voit (1Jean 2.3). Une conversion qui ne conduit pas à l'obéissance à Dieu et à ses commandements est une conversion douteuse. Au même titre que celle qui ne produit pas l'amour pour les frères et sœurs en Christ (1Jean 3.10, 14). En revanche, les vrais convertis ressentent l'entente fraternelle profonde entre eux, et sont encouragés dans l'assurance de leur salut (1Jean 3.14). L'apôtre Jean écrit aussi que « Quiconque est né de Dieu ne pratique pas le péché, parce que la semence de Dieu demeure en lui ; et il ne peut pécher, parce qu'il est né de Dieu ». Si cela signifie que seule une personne sans péché peut être née de Dieu, alors nul n'est sauvé, parce que même les meilleurs chrétiens ne sont pas parfaits (1Jean 1.8-10). Il est impossible en revanche, que quelqu'un qui soit né de Dieu persiste dans une voie de péché, et qu'il pratique consciemment et volontairement le mal. Car la vie de l'Esprit en lui est telle que non seulement elle le pousse à la sainteté, mais de plus, elle le purifie car l'Esprit convainc en matière de péché. D'ailleurs le premier indice qui prouve au nouveau converti qu'il est chrétien, c'est qu'il devient conscient que l'Esprit le reprend quand il s'égare et lui donne le désir de faire le bien. C'est là le premier critère d'une véritable nouvelle naissance : est-ce notre expérience ?

<u>Enfants de Dieu</u>

Un deuxième critère nous permet de vérifier notre conversion : par l'œuvre de l'Esprit, une nouvelle relation s'établit entre nous et Dieu, notre Père céleste, car nous sommes désormais son enfant. Ces termes sont employés maintes fois dans la Bible pour témoigner de l'union profonde d'amour et de confiance qui se réalise entre le croyant repentant et Dieu le Père. L'illustration de l'union la plus touchante est celle du fils prodigue accueilli et pardonné par son Père (Luc 15.11-32). Cette relation est le fruit de l'œuvre du Saint-Esprit dans notre cœur. Elle s'exprime, entre autres, par une vie de prière (Romains 8.15-16). Quand les paroles du « Notre Père » ne sont pas une simple récitation, mais l'expression de l'attachement de notre cœur à notre Sauveur, alors l'Esprit saint, par cela même, rend un témoignage intérieur dans notre esprit que nous sommes réellement nés de lui (1Jean 3.1-2 ; 5.10). Être enfant de Dieu signifie jouir de son amour en l'aimant en retour, trouver un réconfort dans le fait qu'il nous accepte parce qu'il nous a pardonnés et justifiés [déclarés justes], bénéficier d'un accès à sa sainte présence à tout moment, sachant qu'il prend soin de nous et s'occupe de nos peines : car Dieu est un Père parfait pour ses enfants. Par l'Esprit, nous pouvons expérimenter la bonté de Dieu, le connaissant réellement comme celui qui nous aime en tout temps. Par cette communion approfondie avec le Père, dans laquelle nous continuons à grandir, l'Esprit saint atteste dans notre cœur que nous sommes vraiment à lui. Cela dépasse les domaines de la connaissance doctrinale et de la vie d'obéissance chrétienne, bien que les deux soient indispensables. Il s'agit plutôt d'une vie vécue avec Dieu le Père, jouissant de son aide et l'aimant sincèrement, lui parlant dans la prière comme à un Père humain. Est-ce aussi notre expérience ?

<u>Nous sommes sauvés</u>

Nul besoin, donc, d'une illumination extraordinaire pour arriver à l'assurance du salut, mais plutôt d'une démonstration logique fondée sur la Parole de Dieu (1Jean 5.11-13). La première question à se poser est celle-ci : Ai-je reçu le Fils de Dieu dans ma vie par la foi ? Si oui, Dieu déclare : « Celui qui croit au Fils a la vie éternelle » (Jean3.36). C'est aussi simple que cela ! Mais pour ne pas se tromper, un second contrôle s'impose : puis-je voir dans ma vie les deux grands résultats d'une vraie conversion, c'est-à-dire une vie nouvelle, sainte, qui jaillit en moi, et une nouvelle relation réelle, avec mon Père céleste ? Puis-je voir ces choses, non en perfection, mais au moins en réalité ? Si, oui, je suis assuré que je suis effectivement un enfant de Dieu et que j'ai la vie éternelle. Grâces soient rendues à Dieu : Je suis sauvé !

Pourquoi est-il important d'affirmer que la justification [déclaré juste] et la nouvelle naissance ont lieu en même temps ? Pourrait-il être bon de remettre en question la certitude de son salut ? Quel est le lien entre la foi et les œuvres, autrement dit, entre la conversion et la conduite chrétienne ? Que répondre à ceux qui pensent qu'il est arrogant de dire qu'on est sauvé ? Sommes-nous sûrs d'être des sauvés ? Pourquoi ?

Chapitre 30 : L'appel de Dieu

Les musulmans hésitent à prétendre qu'ils sont sauvés, [inchallah = si Dieu le veut] disent-ils, de peur de pécher par orgueil Ils pensent que ceux qui se disent sauvés affichent un orgueil contraire à l'esprit humble. Cette façon de penser est fondée sur une optique erronée du salut.

<u>Nous sommes sauvés par grâce</u>

Si le salut s'obtenait par nos œuvres et mérites, prétendre être sauvé serait en effet orgueilleux. Car cela reviendrait à dire que l'on pense avoir fait suffisamment de bonnes œuvres pour gagner son paradis. Mais, en réalité, le salut s'obtient sur une tout autre base : c'est un don gratuit, accordé par la grâce de Dieu au pécheur repentant. Si le salut est une faveur imméritée, celui qui en est le bénéficiaire ne va pas s'en glorifier. Au contraire, s'étant humblement reconnu pécheur lors de sa conversion, il est tout disposé à admettre, non seulement n'avoir rien fait pour mériter le salut, mais plutôt avoir mérité la condamnation. S'il est sauvé, c'est uniquement par la grâce de Dieu. Il lui a « été fait miséricorde » (1Timothée 1.13). Il a reçu le salut comme un don de Dieu. Ce n'est point par les œuvres, afin que toute la gloire en revienne à Dieu (1Corinthiens 1.31). Les deux aspects du salut, l'expiation objective [sacrifice de Jésus] et la régénération subjective [nouvelle naissance], nous les devons tous deux à l'effet de la grâce de Dieu (Hébreux 2.9 ; 1Pierre 1.3). Même le moyen de nous approprier les bienfaits de l'expiation nous est donné par grâce. Nous avons vu précédemment que les deux parties constituant la conversion [repentance et foi] sont des grâces que Dieu accorde (Actes 11.18 ; Philippiens 1.29). C'est Dieu qui nous permet de nous repentir de nos péchés et de croire en Christ pour le salut ; de nous-mêmes, nous en sommes incapables.

Ce qui est impossible aux hommes

Il convient de bien comprendre à quel point nous étions tenus par le péché, qui est l'état de séparation d'avec Dieu. En effet, non seulement le pécheur pèche, mais il aime son péché. Sa volonté et ses désirs se portent vers le péché. Les désirs de la chair sont opposés à l'Esprit de sainteté (Galates 5.17 ; Romains 8.5). Quand l'apôtre Paul écrit : « Nous exécutions les volontés de notre chair » (Ephésiens 2.3), il veut dire que nous vivions égoïstement, trouvant notre plaisir dans le péché (Tite 3.3), au point que nous ne voulions pas y renoncer. L'homme égoïste ne veut pas renoncer à lui-même et, sans l'effet de la grâce de Dieu, il ne le peut même pas (Jean 8.34). Le péché est un maître sans pitié qui conduit ses esclaves à la mort (Romains 6.16). En outre, le péché nous aveuglait (Ephésiens 4.18), au point que nous ne voyions pas la vérité de l'Evangile de Christ (2Corinthiens 4.4). Même les Juifs qui sondent les Ecritures (Jean 5.39-40) ne possèdent ni la bonne compréhension des Ecritures, ni la bonne volonté de se détourner de leurs mauvaises voies et de croire en Christ. D'ailleurs, Jésus en fait un principe général : « Nul ne peut venir à moi, si cela ne lui est donné par le Père » (Jean 6. 44,65). La description biblique de l'homme pécheur est très sombre. Son intelligence est aveuglée, ses passions le dominent, et sa volonté corrompue n'a ni le désir ni la force de se convertir à Jésus-Christ. Sans l'action de la grâce de Dieu dans son cœur, il lui est impossible de sortir de son état de perdition. Jésus déclare combien il est difficile à un riche d'entrer dans le royaume de Dieu, ses disciples lui demandent : « Qui peut donc être sauvé ? » Jésus souligne la gravité du cas de l'homme pécheur laissé à ses propres ressources, en répliquant : « Aux hommes cela est impossible » (Matthieu 19.25-26). Jésus décrivit ainsi la situation dramatique de l'humanité. Si Dieu ne touche pas le cœur des humains par sa grâce, personne ne peut être sauvé ; et si Dieu refusait d'intervenir, le châtiment inévitable serait le lot de tous les hommes. Et cela ne serait qu'un jugement juste. Nul ne pourrait accuser Dieu d'injustice. Heureusement, « rien n'est impossible à Dieu » (Luc 1.37). Aucun cœur n'est dur au point que la grâce irrésistible du Sauveur ne puisse le pénétrer et le régénérer [à nouveau]. Du début à la fin de notre vie, notre salut nous est offert par sa grâce. Par grâce, Dieu a envoyé son Fils pour accomplir le salut à la croix ; par cette même grâce, il envoie son Esprit pour attirer les pécheurs vers le salut lorsqu'il appelle à la conversion.

Nous sommes appelés par sa grâce

Quand le Seigneur envoie ses disciples avec le message de la réconciliation, il sait qu'il les envoie vers ceux qui lui sont hostiles. Il sait que son appel à la repentance et à la foi en Christ rencontrera inévitablement opposition et refus de la part des pécheurs. Néanmoins, cet appel général et universel, adressé aux pécheurs par la proclamation de l'évangile, témoigne de la bonté de Dieu, de son amour pour ses ennemis et de son réel désir de leur procurer le salut (1Timothée 2.4 ; 2 Pierre 3.9). Pour que son appel soit entendu, il faut cependant que Dieu l'accompagne d'une œuvre supplémentaire, qu'il opère dans le cœur de certains auditeurs, ouverts à son écoute. Dieu les attire à lui, en accomplissant une double opération qui les conduit à la conversion alors qu'ils écoutent l'Evangile :

    1. Pour nous amener à la repentance, Dieu nous convainc en matière de péché par l'œuvre de l'Esprit saint (Jean 16.8-9) ; Il se sert de la loi pour faire découvrir à notre cœur la gravité de notre situation de pécheurs face à sa sainteté et à son amour. Nous en voyons un exemple dans l'expérience des convertis qui ont « le cœur vivement touché » le jour de la Pentecôte (Actes 2.37).

    2. Pour nous amener à la foi, il éclaire les yeux de notre cœur (Ephésiens 1.8), pour qu'ils « voient » enfin la vérité merveilleuse de l'Evangile, comme dans le cas de Lydie, dont

Dieu « ouvrit le cœur, pour qu'elle s'attache à ce que disait Paul » (Actes 16.14). Par cet éclairage spirituel intérieur, nous sommes amenés à la foi, nous passons des ténèbres du péché à la lumière de Dieu, nous comprenons et confessons que Jésus est le Sauveur, notre Sauveur. Si nous sommes venus à Christ, c'est donc parce que Dieu nous a attirés efficacement à lui.

<ins>Beaucoup d'appelés, mais peu d'élus</ins>

Nous pouvons alors distinguer deux sortes d'appel. Le premier est l'appel général, où l'invitation est lancée à tout le monde ; dans ce sens, on peut dire que beaucoup sont appelés. Le deuxième est l'appel efficace, accompagné de la conversion du pécheur par l'action de l'Esprit de Dieu ; dans ce sens, seuls les vrais chrétiens sont « les appelés » de Jésus-Christ (Romains 1.7). L'Evangile laisse à l'homme la liberté de répondre favorablement ou non à l'appel incessant de Dieu. Dieu dans sa prescience sait qui va répondre, mais il n'use pas de cette pré-connaissance pour forcer l'homme à le suivre, ou l'abandonner à son état de pécheur. La Bible parle des élus à propos de ceux qui ont répondu à l'appel de Dieu. Aux yeux des hommes ils paraissent choisis par Dieu, mais en fait c'est eux qui ont choisi de répondre à l'appel. C'est toute la différence du message de l'Evangile : Dieu est souverain, oui, dans sa décision d'appeler tous les hommes au salut, mais par amour pour eux, il respecte leur choix, les laisse libres de le suivre ou non. Cela n'ôte rien à sa grâce ! Si Dieu n'avait pas décidé de nous sauver, nous aurions été laissés dans nos péchés. Nous n'aurions jamais choisi de nous convertir de nous-mêmes. C'est donc Dieu qui nous a sauvés (2 Timothée 1.9). En dernière analyse, notre salut dépend de la volonté souveraine de la grâce de Dieu et de la réponse que nous lui donnons. S'il a daigné nous accorder sa faveur, ce n'est certainement pas parce que nous l'avons méritée, ni parce que nous allions la mériter, ni même parce qu'il savait que nous allions répondre à son appel [nous en étions incapables]. Simplement parce que par amour, il l'a bien voulu : nous sommes sauvés purement par grâce.

Dieu nous a choisis

Cette élection s'est opérée dans les conseils mystérieux d'un Dieu infini, éternel. La « prédestination » biblique est seulement une pré-vision de Dieu qui échappe au temps des hommes. Si c'était une détermination, un destin fixé d'avance, à quoi servirait d'appeler les hommes à changer ? Certains théologiens pensant que le destin était fixé, les uns pour la vie, les autres pour la mort, l'Église a négligé sa mission d'évangélisation : « Pourquoi faire changer ceux que Dieu aurait décidé de toute éternité d'être perdus ? ». Avec une telle conception de la prédestination, notre propre ministère d'évangélisation serait vain ! Mais, dans sa prescience, Dieu connaît d'avance la réponse de ceux qu'il appelle efficacement pendant leur vie en les attirant à lui. Cependant, ceux qui sont ainsi attirés à la vie, viennent librement, de leur plein gré, à Christ. Nul n'a le sentiment que Dieu a forcé sa volonté, l'obligeant contre son gré à se convertir. Chaque converti le devient en répondant positivement à l'appel de l'Evangile. Mais cette réponse est donnée grâce à l'œuvre intérieure, mystérieuse, opérée par l'Esprit, en déliant notre volonté de la maîtrise du péché pour que nous nous donnions librement au Seigneur. Une fois venus à Christ, nous nous rendons progressivement compte de ce fait merveilleux et mystérieux à la fois que c'est Dieu qui produit en nous le vouloir et le faire (Phil 2.13) : notre conversion ne s'est pas réalisée par notre seule volonté humaine mais par la volonté divine. Nous sommes nés « de Dieu » (Jean 1.13 ; Jacques 1.18). Nous avons réellement choisi de nous convertir, c'est notre décision. Mais nous comprenons, à la lumière de la Bible, que derrière notre choix, il y a le choix antérieur de Dieu de sauver les hommes, qui rend le nôtre possible. En cela, notre appel à la conversion ressemble à la vocation des douze disciples, à qui Jésus dit : « Ce n'est pas vous qui m'avez choisi, mais moi, je vous ai choisis » (Jean 15.16 ; 1Corinthiens 1.26-31). Toute gloire du salut revient ainsi à celui à qui il a plu de nous choisir malgré notre indignité. Il nous a attirés à Christ par l'opération intérieure de sa grâce, dans nos cœurs, par l'Esprit, à travers l'appel de l'Evangile. Par cette grâce seulement, nous avons pu venir à Christ dans la repentance et la foi.

Qui nous attire au salut ? Qu'est-ce que la grâce de Dieu ? Pourquoi les inconvertis veulent-ils faire valoir leurs œuvres en cherchant Dieu ? Pouvons-nous reformuler ce qui vient d'être dit sur « Dieu nous attire » ?

Chapitre 31 : La sécurité éternelle

Il est possible d'approcher la question du salut de deux manières. Le plus souvent, nous la considérons d'un point de vue humain : nous sommes conscients de notre besoin d'être sauvés et nous cherchons à en avoir l'assurance. Cette optique, centrée sur l'homme, est bonne et nécessaire, surtout au début de l'engagement chrétien. La deuxième approche consiste à voir l'œuvre du salut du point de vue de Dieu. Cette optique est également révélée dans la Bible et, en mûrissant dans la foi, le croyant apprend que son salut ne dépend pas simplement de sa seule volonté humaine, mais fait partie d'un ensemble d'œuvres que Dieu le Tout-Puissant met en action pour sa gloire. Ces deux optiques sont complémentaires et non contradictoires. Chacune est révélée afin de nous encourager dans notre vie avec Dieu. Et si nous avons parfois de la peine à concilier les contradictions apparentes, nous ne devons pas pour autant laisser tomber un aspect de la vérité révélée, simplement parce qu'il nous dépasse. Pour affirmer notre sentiment de sécurité en lui, Dieu nous révèle que notre salut fait partie de son plan éternel.

Dieu nous a prédestinés à la vie éternelle

Le plan de Dieu commence dans l'éternité car, dans son omniscience [Dieu sait tout], il savait que l'homme se détournerait de lui en lui désobéissant. Dieu a pris soin de préparer d'avance le moyen de salut et il a même connu d'avance ceux qui en bénéficieront. Ce groupe de sauvés est présent dans la pensée de Dieu avant la fondation du monde. La Bible les appelle les « élus de Dieu » (Romains 8.33), l'ensemble des rachetés. L'église universelle de Jésus-Christ, est composée de tous les croyants nés de nouveau dans tous les pays et dans tous les siècles. Concernant le dessein de sauver ses élus (Romains 8.29-30), ce sont les mêmes personnes qui sont connues d'avance, prédestinées à ressembler à Jésus, appelées à la conversion, justifiées et glorifiées. Le salut, du début à la fin, est résumé dans ces quelques expressions. La lecture de ce passage de l'épître aux Romains donne l'impression que Dieu est en train d'accomplir inévitablement le salut de ceux qu'il a choisis. L'accomplissement final est si certain qu'il est écrit comme s'il avait déjà eu lieu : « Il les a aussi glorifiés ». Et puisque l'œuvre du salut est l'œuvre de Dieu, nous pouvons bénéficier d'une sécurité éternelle. Si je suis invité à la conversion à Christ et justifié par la foi en lui, deux déductions s'imposent : premièrement, cela m'est arrivé parce que Dieu avait prévu d'avance de m'appeler [= m'avait « prédestiné »] (Ephésiens 1.4-5) et, deuxièmement, il est sûr et certain que Dieu me glorifiera [me rendra glorieux, semblable à Jésus] puisque toutes les étapes sont inséparablement liées dans la pensée et l'action de Dieu. Si Dieu a opéré les premières étapes de ma transformation, je peux être sûr qu'il la poursuivra jusqu'au bout : il est assurément fidèle pour mener à son terme le dessein qu'il s'est fixé.

Ce que Dieu a commencé, il le terminera dans notre vie

Convaincu de ces vérités consolatrices, l'apôtre Paul fortifie le cœur des chrétiens à Philippes par des paroles valables pour tout chrétien (Philippiens 1.6). Dieu est fidèle et, s'il se donne pour tâche de sauver les élus, rien dans l'univers ne pourra l'en empêcher. Son dessein de salut s'accomplira. Le livre d'Apocalypse révèle la glorieuse perfection qui sera la nôtre le jour où Dieu fera « paraître devant lui cette Eglise glorieuse, sans tache, ni ride, ni rien de semblable, mais sainte et sans défaut » (Ephésiens 5.27 ; Apocalypse 21.10-11, 22-23). Et si notre glorification se situe, en ce qui nous concerne, dans l'avenir, elle est déjà présente pour Dieu, puisque déjà réalisée en Jésus-Christ. Dieu a-t-il commencé son œuvre en nous ? Il « en poursuivra l'achèvement » jusqu'au jour où nous verrons

Jésus face à face et serons semblable à lui pour toujours (Philippes 1.6). Dieu nous a-t-il fait naître de nouveau ? Il nous a régénérés pour un héritage glorieux (1Pierre 1.3-4). Dieu a-t-il fait de nous ses enfants ? Le Père céleste n'abandonne pas ses enfants. Dieu nous a-t-il inclus parmi son peuple ? (Romains 11.2). Dieu nous a-t-il sauvés ? (Romains 8.1). Dieu nous a-t-il accordé la vie éternelle ? Jésus promet : « Elles (Mes brebis) ne périront jamais » (Jean 10.28). Dieu nous a-t-il donné son Esprit ? C'est le gage d'un Dieu fidèle : il nous donnera tout le reste de son salut. Dieu nous a-t-il appelés, justifiés ? Rien ne l'empêchera de nous glorifier. Du point de vue de Dieu, c'est déjà fait ! Comment donc passer le reste de notre vie chrétienne ? Dans la crainte d'être quand même perdus ? Non ! Dans la reconnaissance joyeuse envers celui qui a daigné nous choisir pour bénéficier d'un si grand salut. Dieu veut que ses enfants jouissent de ce sentiment de sécurité éternelle et que cela les encourage à l'aimer davantage.

<u>Personne ne nous arrachera de la main de Jésus</u>

Mais si on considère à nouveau la question du salut du point de vue humain, on peut être tenté de dire : « Tout cela est très beau, mais je sais combien je suis faible et enclin au péché : je ne pense pas pouvoir tenir ! ». Nous sommes faibles et pécheurs, c'est vrai. Mais Dieu nous appelle à vivre « les yeux fixés sur Jésus » (Hébreux 12.2), pour nous appuyer sur lui et non sur nos propres forces. C'est cela la foi : regarder à Dieu et compter sur lui en croyant qu'il fera ce qu'il a promis de faire. Maintenons donc fermement l'assurance que notre Sauveur fidèle nous sauvera parfaitement. Nourrissons continuellement cette foi par la méditation régulière de la Parole de Dieu et plus précisément de ses promesses. Voici quelques paroles de Jésus qui valent la peine d'être mémorisées car elles effacent les craintes de notre cœur incrédule : « Personne n'arrachera mes brebis de ma main » (Jean 10.27-29). C'est comme s'il savait à quel point nos cœurs incrédules ont besoin d'encouragement pour croire une vérité si merveilleuse.

Si nous pensons le tenir d'une main bien faible, rappelons-nous que le Dieu Tout-Puissant nous maintient lui-même fermement et que le Dieu fidèle fera ce qu'il a promis de faire. Soyons rassurés, et nous grandirons continuellement dans la vie chrétienne, persévérant jusqu'à la fin (1Thessaloniciens 5.23-24). Forts de cette confiance, maintenons donc notre engagement de lui rester fidèles à travers toutes les épreuves de la vie, jusqu'à ce que nous le voyions face à face. Cet enseignement n'est en aucun cas une excuse pour négliger notre croissance spirituelle. Au contraire, il fournit un contexte de sécurité qui nous encourage (Hébreux 12.1-2). Le chrétien considère qu'il est voué à une vie entière de croissance dans la persévérance avec son Seigneur Jésus. La pensée de retourner en arrière n'effleure même pas son esprit : il est à Christ pour la vie. Même pour l'éternité.

<u>Le Père céleste nous a donnés à son Fils Jésus</u>

N'est-il pas extraordinaire d'apprendre de la bouche même de Jésus, que nous, les sauvés, nous sommes donnés par le Père au Fils ? (Jean 10.29). Cette prière de Jésus (Jean 17.24), comme toutes ses prières, sera certainement exaucée : elle se réalisera lors de la glorification de l'Eglise de Jésus-Christ. A ce moment-là aussi, ses disciples seront un, conformément à sa demande au Père. Dans (Jean 17) Jésus regarde à la fin ultime de son œuvre de salut (Jean 6.39). En ce dernier jour, Jésus achèvera l'œuvre de salut de ses élus. Ainsi s'accomplira le dessein éternel du Père : que son Fils soit le premier-né d'une multitude d'enfants de Dieu transformés à son image (Romains 8.29). Et nous, convertis par sa grâce, nous serons de leur nombre, étant « élus avant la fondation du monde » (Ephésiens 1.4-6). Gloire à Dieu pour un salut qui nous donne une telle espérance et qui, en attendant, nous permet de connaître cette sécurité éternelle (Romains 8.38-39).

Pourquoi est-il important de considérer le salut des points de vue de l'homme et de Dieu ? Quel impact a cette doctrine dans notre vie ? Pouvons-nous être assurés que nous ne perdrons pas notre salut ? Jésus a dit : « Ceux que tu m'as donnés ». Comment comprenons-nous cette expression ? Avons-nous la conviction profonde que nous sommes sauvés pour toujours ? Comment notre réponse à cette question influence-t-elle notre motivation à aller de l'avant avec Christ ?

Chapitre 32 : La vie chrétienne

La transformation opérée par la conversion est telle qu'elle conduit à une vie toute différente (2Corinthiens 5.17). Devenu enfant de Dieu, l'homme né de nouveau connaîtra un nouveau style de vie et chaque domaine de sa vie en sera touché.

<u>La motivation de la vie chrétienne</u>

Une reconnaissance profonde anime le chrétien envers son Seigneur Jésus qui a compris le message de l'Evangile de la grâce de Dieu et qui sait que malgré la punition méritée à cause de son péché, il a reçu le pardon complet par le sacrifice de Christ. Cette gratitude envers Dieu est le commencement de l'amour de Dieu, le mobile principal de la vie chrétienne. Cet amour est le fruit de l'expérience de la grâce (1Jean 4.9) et c'est bien cette attitude que Dieu veut dans le cœur de ses enfants : son premier désir est que nous l'aimions de tout notre cœur (Matthieu 22.37-38). C'est son œuvre de salut, par grâce, que Dieu arrive à ce résultat. Car si le pardon s'obtenait par d'autres moyens que par la pure grâce de Dieu, les motifs de notre reconnaissance seraient réduits de beaucoup, et à leur place grandirait plutôt une fierté inacceptable (Ephésiens 2.8-9) ; c'est par l'œuvre de Christ et son Esprit Saint, afin que personne ne se glorifie (1Corinthiens 1.29-31). L'amour pour Dieu jaillit dans le cœur du converti reconnaissant. Il veut le louer, lui rendre grâce pour les bienfaits infinis qu'il apprend toujours plus à apprécier. Cette motivation inonde progressivement tout son cœur et contrôle sa conduite, ses buts et ses désirs.

<u>Le but de la vie chrétienne</u>

Par amour pour Dieu, le chrétien fixe, comme but principal de sa vie, de plaire au Seigneur et de lui ressembler. Le chrétien voit Dieu comme son Père bien-aimé à qui il veut plaire et il apprend à orienter toutes ses actions, ses paroles et ses pensées dans le but de réjouir le cœur de Dieu. Le chrétien se rend compte que Dieu le regarde constamment avec amour et bienveillance, et que son désir est de faire le bonheur de son enfant bien-aimé. Voulant maintenir une communion intime avec lui, il commence à cultiver dans sa vie chrétienne la joyeuse discipline qui consiste à tout faire pour lui être agréable (Colossiens 1.10). Sachant que telle est la volonté de Dieu, le chrétien l'accepte volontairement, par amour de faire « tout pour la gloire de Dieu », c'est à dire partager son amour tout autour de lui (1Corinthiens 10.31). Fidèle aux paroles de Jésus (Jean 14.21), le principe directeur de son existence est d'obéir aux commandements de Dieu et aimer ceux qui l'entourent. Le reste de la vie du chrétien sera vécu suivant l'exemple de Jésus, pour faire non pas sa propre volonté, mais la volonté de Dieu. Il s'engagera ainsi à une obéissance entière envers celui qui l'a tant aimé, tout en sachant que par lui-même il ne peut rien, et en comptant sur l'Esprit Saint en lui pour le rendre obéissant !

<u>Les directives de la vie chrétienne</u>

Le chrétien cherche à connaître la volonté de son Seigneur, afin de lui plaire, il la découvre de deux façons principales : par la

Parole de Dieu et l'Esprit de Dieu. La Parole de Dieu révèle la volonté générale du Seigneur, car les commandements et les principes bibliques s'appliquent à la vie de tout croyant. Au fur et à mesure qu'il approfondit sa lecture de la Bible, il grandit dans l'obéissance. La Parole de Dieu lui révèle des péchés jusqu'alors insoupçonnés et il s'en repentira. Cette Parole de Dieu lui révèle aussi la conduite que Dieu attend de lui et il s'y conformera. Tout un programme qui lui permettra de tendre vers la maturité dans son comportement chrétien. Et là où la Parole de Dieu ne donne pas d'ordre précis, il va apprendre à chercher et à écouter l'Esprit de Dieu. Le Saint-Esprit l'éclairera tantôt par le conseil d'un frère aîné, tantôt par une lecture édifiante chrétienne, tantôt par un message biblique qu'il entendra dans son église, tantôt par « un murmure doux et léger », d'autres traductions disent : « un son [bruit] doux et léger » (1 Rois 19.12). Le Saint-Esprit dispose de différents moyens pour se faire entendre et comprendre. Le chrétien soucieux de plaire à Dieu passera tout le temps nécessaire pour rechercher la sagesse de Dieu dans les décisions importantes de sa vie et cultivera cette paix intérieure qui vient d'une marche en communion avec la volonté de Dieu.

Les deux grands piliers de la vie chrétienne

Les vertus [qualités spirituelles] à acquérir dans la vie chrétienne sont multiples (2Pierre 1.5-7 ; Galates 5.22) et les tentations auxquelles il faut résister le sont tout autant. La vie elle-même est si diversifiée qu'il n'est pas surprenant que la vie chrétienne aussi soit complexe : il y faut la consécration et la foi. La repentance et la foi, conditions même de la conversion, doivent être non seulement maintenues, mais approfondies tout au long de la vie chrétienne. La repentance [c'est-à-dire le renoncement continuel au péché] va de pair avec la consécration à obéir à la volonté de Dieu. Par la consécration, nous nous donnons nous-mêmes à Dieu et, par la foi, nous recevons la vie de Dieu, qu'il donne continuellement à son enfant par l'Esprit. La consécration, c'est s'engager à ne plus faire sa propre volonté. Ainsi, la consécration induit à mourir à soi-même ; et par la foi, nous nous attendons à l'action de Dieu pour nous conduire dans notre vie nouvelle grâce au Christ ressuscité en nous. La consécration et la foi sont toutes deux indispensables. Se consacrer à Dieu sans compter sur sa puissance conduira à la frustration de l'échec. Cultiver la foi sans engagement d'obéissance produira l'insatisfaction d'une passivité stérile. Mais quand la consécration entière à Dieu et à sa volonté va de pair avec une foi entière dans l'aide de la puissance continuelle de Dieu, alors la vie chrétienne se développe selon le plan de Dieu.

Quelle motivation chrétienne doit nous animer et pourquoi est-elle importante ? Comment définir l'amour pour Dieu et de quelle manière se traduit-il dans nos vies ? Quel est le lien entre l'amour pour Dieu et l'amour pour les autres ? Que signifie la « consécration » à Dieu et comment se traduit-elle en actes ?

Chapitre 33 : La sanctification

Le thème de la sainteté est prépondérant dans l'Ecriture « Vous serez saints, car je suis saint » dit Dieu dans (Lévitique 11.45). Les hommes ne peuvent jouir d'une communion avec le Dieu saint s'ils ne sont pas saints eux-mêmes. Ils doivent être sanctifiés pour vivre en harmonie avec Dieu saint. Pour cette raison, à l'époque de l'ancienne alliance, les hommes pécheurs devaient accomplir des cérémonies de purification pour s'approcher de l'Eternel. Son peuple doit être un peuple saint, purifié. Ainsi, toute relation avec Dieu est régie par cette exigence de la sanctification. Ce que l'Ancien Testament ne peut accomplir qu'en symbole, la nouvelle alliance le réalise parfaitement par l'œuvre de Christ. Par son obéissance jusqu'à la mort, par l'offrande de son corps, nous sommes sanctifiés une fois pour toutes (Hébreux 10.10). C'est-à-dire qu'en vertu de l'efficacité de son œuvre rédemptrice, nous sommes mis à part, à la conversion, pour faire partie du peuple saint de Dieu. Nous sommes également « appelés saints » (Romains 1.7).

<u>Nous sommes saints</u>

L'apôtre Paul parle de tous les chrétiens comme « tous les saints » (Ephésiens 3.8). Dans ce sens, le mot « saint » est comparable au mot « sacré » : pour qualifier les choses qui sont affectées au service de Dieu, nous disons volontiers qu'elles sont « sacrées » ou « consacrées ». Or, dans la Bible, un objet, un jour, une montagne [le mont Horeb, le Sinaï], s'ils sont mis à part pour Dieu, sont tout simplement appelés « saints ». Ainsi, il faut « sanctifier » [mettre à part] le jour de repos (Exode 20.8), en le rendant différent des autres jours : un jour pour célébrer Dieu comme il le demande. De même, Israël est un peuple saint, le peuple sanctifié pour Dieu. Par notre conversion, nous entrons dans la famille du Père céleste : nous faisons désormais partie du peuple de Dieu. Nous sommes sanctifiés, mis à part du reste du monde et Dieu nous donne alors un nouveau statut : nous sommes « en Christ ». Nous sommes « justifiés par Christ » (Galates 2.17) ; nous avons été lavés, sanctifiés, justifiés au nom du Seigneur Jésus-Christ et par l'Esprit de Dieu (1Corinthiens 6.11). Alors, pour Dieu nous sommes des « saints ».

Une contradiction, nous sommes saints et pécheurs ?

Mais peut-on vraiment qualifier de saints les chrétiens que nous sommes ou ceux que nous connaissons ? Les taches du péché souillent encore nos vies. Nous ne sommes pas parfaits. Comment Dieu peut-il appeler de telles personnes des saints ? Aux yeux des hommes, nous sommes des pécheurs peu saints ou des saints bien pécheurs ! Pour nous, est saint quelqu'un qui se purifie parfaitement de son péché. Il n'en est pas de même pour Dieu car, quand il nous sauve à la conversion, il nous sanctifie. En même temps, il nous unit à Christ, de sorte que nous sommes en Christ et que Christ est en nous.

Deux conséquences découlent de cet acte opéré par Dieu et celles-ci correspondent aux deux sens du mot « sanctifier » :

1. Le sens premier de « sanctifier » est le fait d'être mis à part pour Dieu et pour sa sainteté. Si Dieu nous a sauvés, il nous a sanctifiés et dans ce sens nous sommes déjà devenus saints. Dieu, en effet, considère que les hommes sont dans l'une ou l'autre de ces catégories : ils sont « en Christ » ou « en Adam » (1Corinthiens 15.22), « sauvés » ou « perdus » (2 Corinthiens 2.15), « justes » ou « pécheurs » (1Pierre 4.18), « croyants » ou « non croyants » (2 Corinthiens 6.15), « saints » ou « infidèles » (1Corinthiens 6.1). Notre statut est donc désormais celui des « saints dans la lumière » (Colossiens 1.12), bien que nous ne soyons pas encore saints dans notre conduite.

2. Notre union avec Christ a une seconde conséquence : la présence de l'Esprit de Christ, en nous, commence à nous « sanctifier » [dans le second sens du mot], c'est-à-dire à nous

rendre saints. Plusieurs passages bibliques se réfèrent à cette sanctification en tant que processus, croissance en sainteté. Ceux qui ont le statut de saints vont ainsi devenir saints dans leur conduite. Ceux qui sont « appelés saints » (Romains 1.7 ; 1Corinthiens 1.2) sont aussi « appelés à être saints ». Ces deux conséquences que nous distinguons ici, sont en réalité inséparables. L'œuvre de la sanctification comprend les deux. Dans le premier sens, nous avons été sanctifiés (Hébreux 10.10) ; nous sommes donc des saints. Dans le second, nous sommes en voie d'être sanctifiés, ~~que~~ nous sommes exhortés à nous purifier par une vie chrétienne de consécration et de foi « en développant jusqu'à son terme la sainteté » (2Corinthiens 7.1).

Les barrières qui se dressent à la sanctification

Quand nous cherchons à grandir dans la sainteté et à nous conformer à la volonté de Dieu, nous apprenons bien vite que nous sommes confrontés à trois ennemis : le monde, ma chair [nature humaine] et le diable. La voie devant nous n'est pas facile ! Nous devons nous armer pour un combat dur et exigeant. Dieu nous demande de fournir un effort considérable : les exhortations bibliques à la discipline, au renoncement, à l'obéissance sont multiples. Mais Dieu nous donne aussi la puissance sainte de la vie de Christ en nous pour nous rendre vainqueurs. Cependant, jusqu'à la mort, nous devrons livrer combat.

En ce qui concerne notre premier ennemi « le monde », nous sommes exhortés : « N'aimez pas le monde, ni ce qui est dans le monde » (1Jean 2.15). Dans ce contexte « le monde » représente l'ensemble de la société des non-croyants qui vivent selon les valeurs matérialistes, agissant comme si Dieu n'existait pas. Le chrétien qui veut vivre selon les normes de la Parole de Dieu se trouvera en conflit permanent avec les mœurs des non-croyants autour de lui. Il sera toujours tenté de céder à ces influences mortelles « Ne vous conformez pas au monde » (Romains 12.2) est un conseil à suivre continuellement pour les « saints ». Quand leur style de vie est pécheresse, sachons résister à cette pression et maintenons notre résolution de plaire à Dieu en toutes circonstance. Les différences entre les chrétiens et le monde sont évidentes. Le « monde » ne se soucie nullement de faire la volonté de Dieu. Les chrétiens ont d'autres valeurs, d'autres attitudes, d'autres désirs, d'autres objectifs. Nous étions « du monde », il est vrai. Mais étant appelés par Christ hors de cette société corrompue du monde, et éclairés par sa Parole sainte, nous ne pouvons plus vivre « selon le cours de ce monde » (Ephésiens 2.2). Il n'y a plus cette entente d'autrefois avec les incroyants qui vivent pour d'autres plaisirs. Cependant, puisque Jésus nous envoie « dans le monde » (Jean 17.14-18), nous allons devoir côtoyer des non-chrétiens à longueur de journée. C'est là que nous devons briller « comme des flambeaux dans le monde » en nous montrant « irréprochables et purs, des enfants de Dieu sans reproche au milieu d'une génération corrompue », règle qui s'impose pour le chrétien appelé à une vie sainte au sein d'un monde pécheur : être prêt à être différent du monde. Il s'agit d'un engagement personnel. L'influence mauvaise du monde nous guettera partout. L'apôtre Paul a bien fait de se protéger contre cette source infinie de tentations subtiles, en se glorifiant uniquement « de rien d'autre que de la croix de notre Seigneur Jésus-Christ, par qui le monde est crucifié pour moi, comme je suis pour le monde » (Galates 6.14). Il se considère comme mort aux attraits du monde, afin de ne vivre que pour Dieu. Nous ferions bien de nous armer contre notre premier ennemi de la même façon.

Quels sont les deux sens du mot « sanctifier» ? Que signifie le mot « saint » ? Être « saint » signifie-t-il que nous sommes des chrétiens super-spirituels ? Que signifie être « saint » dans notre vie chrétienne pratique ? Quelles aides avons-nous pour vivre saintement ? Le chrétien est « dans le monde », mais pas « du monde ». Qu'est-ce que cela signifie ? Comment le monde nous séduit-il et comment pouvons-nous apprendre à le vaincre ?

Chapitre 34 : La marche selon l'Esprit

La deuxième ennemie qui cherche à entraver notre sanctification est « la chair ». Bien que la Bible utilise cette expression de manière positive pour la partie physique du corps humain (Luc 24.39) ou pour parler de l'homme en général (Romains 3.20), ce terme a aussi un sens négatif : la nature humaine déchue avec sa tendance naturelle pour le péché. L'introduction du péché dans l'humanité a entraîné le double problème de notre condamnation et de notre corruption. Dieu règle ce double problème par une solution adéquate : par la justification, il enlève notre condamnation et, par son œuvre de sanctification, il combat notre corruption. Cependant, il existe des différences importantes entre les deux aspects de notre salut.

Quelle différence entre justification et sanctification ?

La justification est la déclaration légale par laquelle Dieu *nous déclare* juste ; la sanctification est l'œuvre transformatrice par laquelle Dieu *nous rend* juste. La justification a lieu une fois pour toutes ; elle nous est accordée gratuitement, par la foi en Christ, sans aucune collaboration active de notre part sinon la foi. Dans notre sanctification, en revanche, nous collaborons activement à l'œuvre de Dieu. La justification est le fruit de l'Esprit de Christ en nous. Notre justification ne peut être améliorée, nous ne sommes pas plus ou moins justifiés. Notre sanctification doit s'améliorer, nous devons grandir en sainteté. Dieu a résolu le problème légal du verdict de condamnation, en nous justifiant une fois pour toutes lors de la conversion. Mais le problème de la corruption morale de notre nature humaine à cause du péché n'est pas résolu une fois pour toutes à la conversion. Dieu commence en nous son œuvre de sanctification à la conversion mais il ne l'achèvera qu'au moment de notre glorification à la résurrection après la mort dans sa parfaite présence. Dans la nouvelle alliance, deux grandes bénédictions sont promises au converti : le pardon des péchés [la justification qui efface la condamnation] et le don du Saint-Esprit. L'Esprit saint est donné à la nouvelle naissance, en même temps que la justification. C'est par son Esprit que Dieu opère notre sanctification, vainquant progressivement la corruption de la chair [notre nature humaine mauvaise].

La chair est faible

Notre nature humaine est incapable de produire une vie chrétienne sainte pour deux raisons : (1) elle est pécheresse et ensuite (2) elle est faible. La chair tend inévitablement vers le mal. L'apôtre Paul décrit ce phénomène (Romains 7.21). Il parle du péché qui habite en lui (Romains 7.18). Ailleurs, il énumère « les œuvres de la chair » (Galates 5.19-21). La chair est tellement centrée sur elle-même que même le bien qu'elle chercherait à faire est entaché par des mobiles indignes, orgueilleux (Romains 8.8). La chair est non seulement pécheresse sans espoir d'amélioration, mais elle est faible pour faire le bien (Romains 7.18 ; Matthieu 26.47). Pour que nous vivions une vie sanctifiée, Dieu intervient d'abord pour briser la domination du péché dans notre nature, et ensuite pour nous fournir la puissance intérieure nécessaire pour vouloir et faire le bien. Sans cela nous ne pourrions jamais être saints.

La mise à mort de la chair

Comme Dieu a résolu le problème du pardon de nos péchés en Christ et par Christ, il nous a aussi délivrés de l'emprise du péché dans notre nature. Ces deux aspects du salut sont accomplis à la croix. La Bible révèle que nos péchés étaient portés par Christ lors de la crucifixion, mais aussi que nous étions nous-mêmes placés en Christ sur la croix et que nous sommes morts en lui et avec lui (Galates 2.20 ; Romains 6.5-6,8). Dieu considère donc que nous sommes morts sur la croix, en Christ et avec Christ. C'est par la foi que nous faisons nôtre cet événement. Mais quel en est le but ? La réponse nous la trouvons dans (Romains 6.2, 4, 6, 14). Dans ce passage, nous voyons que le péché est un maître à qui nous étions asservis ; mais, par la mort et la résurrection en Christ, nous sommes délivrés de cette domination. Le péché reste cependant toujours dans notre nature ; ce n'est pas le péché qui meurt, c'est nous qui sommes morts « en Christ » au péché. Nous rompons avec lui afin qu'il ne règne plus sur notre vie (Romains 6.11). Le chrétien est appelé à prendre cette position catégorique : il est mort à la domination de la chair pécheresse sur sa vie. « Considérez-vous comme morts au péché » signifie en finir une fois pour toutes avec le péché, par une repentance totale, une consécration entière à ne plus pécher, à ne plus jamais céder aux désirs mauvais de notre nature pécheresse (1Jean 2.16 ; 1Pierre 2.11) par la puissance de l'Esprit en nous.

Les convoitises de la chair » sont tout simplement les désirs mauvais qui proviennent de notre nature humaine déchue. Il ne faut pas les confondre avec les appétits physiques de notre corps : la faim et la soif, le besoin de sommeil, les rapports physiques entre l'homme et la femme sont des appétits normaux, avec lesquels Dieu nous a créés. Ce ne sont pas des péchés en soi, bien que leur abus puisse produire les péchés de la gourmandise, de l'ivresse, de la paresse et de l'immoralité.

La voie de la victoire sur la chair passe par un renoncement profond à soi-même, à son égoïsme, en acceptant une rupture absolue, une « mort » par rapport à tout péché. Ceux qui se donnent totalement à Christ ont donc, pour ainsi dire, « crucifié la chair avec ses passions et ses désirs » (Galates 5.24). Non pas que la chair soit vraiment morte ou qu'elle ait disparu : elle sera avec nous jusqu'à la glorification, toujours prête à se réaffirmer. Mais, grâce à l'œuvre de Christ et à la fermeté de notre consécration, nous pouvons refuser sa domination sur notre vie et vaincre les péchés qu'elle susciterait en nous.

<u>Nous sommes morts et ressuscités avec Christ</u>

Par notre mort en Christ, nous sommes affranchis de la domination du péché ; par notre résurrection avec Christ, nous recevons par l'Esprit une nouvelle puissance sainte, indispensable pour vaincre la chair. D'après (Romains 6.11), nous ne devons pas simplement nous considérer comme morts au péché, mais encore comme « vivant pour faire le bien en Christ-Jésus ». C'est une position à maintenir par la consécration et la foi, comme l'apôtre Paul lui-même en témoigne (Galates 2.20). Nous sommes « ressuscités en lui » (Colossiens 2.12), et Christ, vivant en nous par son Esprit, nous fournit la plénitude de sa puissance sainte pour vaincre les pulsions pécheresses de la chair. Cet Esprit de Christ demeure en nous depuis notre conversion (Actes 2.38 ; Romains 8.9) et communique tout ce dont nous avons besoin pour notre vie chrétienne. À nous d'adopter à son égard une attitude réceptive à ses directives et d'avoir confiance en son aide puissante. C'est cela être « rempli du Saint-Esprit », ou « marcher selon l'Esprit ». Que veut dire l'apôtre Paul en nous exhortant ainsi « Soyez remplis de l'Esprit » (Éphésiens 5.18) ? Il ne s'agit pas de recevoir une quantité d'une substance quelconque, mais puisque le Saint-Esprit est une personne divine, il est plutôt question de lui être soumis pour faire en tout sa volonté. Avec cela, il faut compter sur le déploiement de sa puissance divine dans nos vies pour nous rendre aptes à obéir effectivement aux commandements de Dieu. Le Saint-Esprit demeure déjà en nous, si nous sommes nés de lui. Il ne demeure pas à moitié dans ses enfants ; mais la pleine réalisation de son action dépend de notre attitude envers lui. Refusons donc d'attrister le Saint-Esprit (Ephésiens 4.30) en persistant dans le péché. Donnons-nous à Dieu pour lui obéir entièrement, ayons une confiance totale en son aide, et nous serons « remplis de l'Esprit » (Ephésiens 5.18). Marchons selon l'Esprit en maintenant régulièrement ces dispositions d'obéissance et de confiance. Ainsi, « si par l'Esprit nous faisons mourir les actions du corps » (Romains 8.13), nous connaîtrons une victoire sur les pulsions pécheresses de la chair. En réponse à notre confiance, l'Esprit saint remplira progressivement nos vies du « fruit de l'Esprit » (Galates 5.22) et nous serons transformés en l'image de Jésus par l'Esprit du Seigneur (2Corinthiens 3.18).

Pourquoi la « chair » est-elle un problème pour le chrétien ? Quelles attitudes faut-il adopter à l'égard de la chair ? Pourquoi est-ce difficile de « crucifier la chair » ? Qu'est-ce qui peut nous aider à y arriver ? Quelles attitudes faut-il adopter envers le Saint-Esprit en nous ? Sommes-nous remplis de l'Esprit ? Si non, qu'est-ce qui nous en empêche ?

Chapitre 35 : Notre ennemi le diable

La Bible nous avertit de l'existence et de l'activité acharnée du diable, nous faisant connaître ses ruses, sa puissance, mais aussi le moyen de le vaincre.

<u>Qui est le diable ?</u>

Contrairement aux idées de certains qui considèrent le diable comme synonyme du mal ou des mauvaises influences en général, la Bible nous révèle que le diable = adversaire [Satan = Accusateur] est un esprit angélique, donc personnel et invisible, qui peut avoir une influence réelle sur la vie des êtres humains. Apparemment créé bon, pur et beau par Dieu, cet ange, exalté par sa beauté et sa haute fonction de garde des sceaux divins, s'est rebellé contre Dieu, animé par le désir orgueilleux d'usurper le trône du Très-Haut, et de régner sur l'univers à sa place (Ezéchiel 28.11-19 ; Esaïe 14.11-15). Il a réussi à entraîner une multitude d'autres anges avec lui dans sa chute, ceux-ci sont devenus les démons collaborateurs de Satan (2Pierre 2.4 ; Jude 6 ; Apocalypse 12.4). Animés par une même haine de Dieu, ils veulent contrecarrer le plan bienveillant de Dieu, s'opposer à sa sainte volonté et empêcher les hommes de le connaître, de l'aimer, de l'aborder, de le servir et de le glorifier.

Satan alors réussit à entrainer Adam et Eve dans cette même rébellion contre la volonté de Dieu, et le diable est devenu l'usurpateur, « prince du monde » (Jean 14.30). Jésus parle du « diable et de ses anges » (Matthieu 25.41). Ce sont des démons, « les esprits du mal » (Ephésiens 6.12), au service de cet « esprit qui agit maintenant dans les fils de la rébellion » (Ephésiens 2.2). Quand Satan, tentant Jésus, dit que tous les royaumes du monde lui ont été « donnés » (Luc 4.6), il dit une demi-vérité, car il s'en est emparé avec le consentement des hommes et dans (1Jean 5.19) nous lisons que « le monde entier est au pouvoir du malin », Satan règne comme le « dieu de ce siècle » (2Corinthiens 4.4) sur l'ensemble des hommes pécheurs qu'il a asservis sous la puissance du péché qui, fatalement, les entraîne vers la mort (Hébreux 2.14-15). Jésus est donc venu pour « détruire les œuvres du diable » (1Jean 3.8) et pour délivrer des griffes de Satan ceux qui sont sous son pouvoir (Hébreux 2.15). C'est lors de la conversion que le chrétien est délivré « du pouvoir des ténèbres » et « transporté dans le royaume du Fils de Dieu » (Colossiens 1.13). Et, parce que désormais le chrétien n'est plus asservi à Satan, celui-ci réagit en faisant des convertis la cible privilégiée de ses attaques.

Les agissements du diable

Pour vaincre le diable, nous devons d'abord nous rendre compte qu'une guerre est déclarée (1Pierre 5.8 ; Ephésiens 6.11-12 ; Apocalypse 12.7, 12-13, 17). Les agissements du diable sont nombreux et mauvais. Nous pouvons les départager de la sorte : doute, séduction, intimidation, tromperie, découragement. Penchons-nous sur trois machinations particulièrement mauvaises : (1) le mensonge, (2) la tentation (3) l'accusation.

(1). Le mensonge

Jésus appelle le diable le « père du mensonge » (Jean 8.44). Le mensonge a été utilisé pour tenter Adam, lui faisant croire que Dieu n'est pas bon. Puisque Dieu « veut que tous les hommes soient sauvés et parviennent à la connaissance de la vérité » (1Timothée 2.4), le diable s'est fixé le but contraire : tromper les âmes afin qu'elles se perdent et, chez les chrétiens, semer la confusion, le doute et l'erreur pour empêcher leur épanouissement et leur joie. La subtilité du diable consiste à rendre crédibles ses faux enseignements en y mélangeant des demi-vérités. Une secte peut enseigner bien des éléments correctement, mais tordre l'essentiel. C'est pourquoi on peut discerner un « faux prophète » par les erreurs de doctrines qui créent de fausses religions. Toutes les sortes de « sectes », toutes les déviations du christianisme qui s'éloignent de l'enseignement de la Bible, trouvent leur origine dans les influences néfastes du diable. L'Esprit et la Parole de Dieu doivent nous éclairer pour que nous ne nous laissions pas séduire par des groupes d'apparence biblique, mais prêchant « un autre évangile » que celui des apôtres (Galates 1.6-9). Les contrefaçons les plus proches de l'original sont les plus trompeuses.

Méfions-nous des falsifications du véritable christianisme. Elles peuvent nous impressionner au point que nous ne discernions plus la subtilité des erreurs de leur enseignement. Telle secte manifeste du zèle dans « l'évangélisation » mais son « évangile » nie, par exemple, la pleine divinité du Seigneur Jésus-Christ, ou la valeur de son sacrifice sur la croix. Tel mouvement religieux impressionne par son accent sur la spiritualité, mais au fond, il confère autorité à autre chose en plus de la Bible : ses propres écrits, ses propres règles et lois, les enseignements de son chef, considérant tous ces éléments comme ayant [au moins] le même poids que l'Ecriture. Considérons comment Jésus a traité les pharisiens [hommes religieux] coupables de légalisme (Marc 7.7-9,13).

Le diable se réjouit quand ses mensonges remplacent la vérité de la Parole de Dieu. Pour y parvenir, il « se déguise en ange de lumière », et ses ministres en « apôtres de Christ » (2Corinthiens 11.13-15). Par les erreurs qu'il propage, il maintient des âmes loin du salut tout en les berçant d'un espoir illusoire. L'apôtre Paul nous exhorte à nous armer de la vérité comme ceinture, de la foi comme bouclier et à utiliser la Parole de Dieu comme une épée (Ephésiens 6.12-16) pour combattre les mensonges du diable.

(2). La tentation

Le diable incite au mal. Depuis Adam et Eve, « le tentateur » (Mattieu 4.3) essaie de nous détourner de l'obéissance à la volonté de Dieu. « Résistez-lui, fermes en la foi » (1 Pierre 5.9) dit l'apôtre Pierre, tandis que l'apôtre Jacques promet : « Résistez au diable, et il fuira loin de vous » (Jacques 4.7). La victoire est ainsi assurée : le diable est obligé de s'en aller quand nous refusons la tentation. Cultivons le réflexe de détourner nos pensées vers le Seigneur Jésus dès que nous sommes conscients d'une tentation attrayante. Et comptons sur l'aide du Seigneur, car « celui qui est en vous [Christ] est plus grand que celui qui est dans le monde [diable] » (1 Jean 4.4).

(3). L'accusation

Non content d'avoir réussi à nous faire pécher, le diable pousse sa stratégie plus loin pour nous faire chuter ! Satan « l'accusateur de nos frères » (Apocalypse 12.10) cherche à nous culpabiliser et nous faire craindre la condamnation de Dieu, par le moyen de notre propre conscience ou par la bouche d'un tiers : « Comment peux-tu être chrétien, puisque tu fais une chose pareille ? ». Il veut saper notre joie en prêchant la loi contre nous. Il veut nous décourager au point de nous faire douter de notre salut, pour nous éloigner complétement de Dieu. Comment surmonter ce genre d'attaque ? Reconnaissons honnêtement la part de vrai contenue dans ces accusations. Le chrétien n'est jamais parfait dans cette vie-ci. Il peut lui arriver de tomber et, dans ce cas, il lui incombe de le reconnaître humblement. Mais contrairement à ce que l'accusateur veut nous faire croire, notre Père céleste ne condamne pas ses enfants. Quand un chrétien tombe, il n'a aucune raison de douter d'avoir perdu son salut et de croire qu'il sera condamné (Jean 10.28 ; Romains 8.1, 30). Nous ne sommes plus sous une loi qui nous condamne. Le Dieu-juge lui-même a justifié tous ceux qui ont accepté Jésus-Christ par la foi comme Sauveur et

Seigneur. La réponse biblique à la question : « Qui accusera les élus de Dieu ? » est : « Dieu est celui qui justifie » (Romains 8.33). Nous devons donc résister à toute tentative du diable de nous ramener sous une loi qui nous condamne [tu dois, tu ne dois pas], en répondant qu'étant justifiés, nous sommes libérés pour toujours de la condamnation et pardonnés si nous nous repentons.

Le moyen ultime de vaincre cette attaque diabolique est de nous référer au sang de Christ (Romains 5.9 ; Apocalypse 12.10-11) qui a déjà effacé tous nos péchés aux yeux de Dieu. A nous de renouveler notre confiance dans la pleine efficacité de ce sacrifice de Christ qui anéantit totalement notre culpabilité (1Jean 1.9). Les accusations du diable [Satan = Accusateur] peuvent aussi se rapporter aux péchés commis avant la conversion. Mais ils ont été effacés ensuite, quelle qu'ait été leur gravité (Esaïe 1.18). La réponse, dans tous les cas, reste la même. Nous devons réaffirmer les deux engagements de la conversion : confesser nos péchés, avec une repentance renouvelée, et confesser notre foi dans le sang de Christ qui a effacé notre condamnation. C'est avec une foi ferme qu'il convient de résister au diable (1Pierre 5.9), car il ne se lasse pas dans sa guerre contre les enfants de Dieu. Mais voici ce que nous pouvons faire, nous fortifier dans le Seigneur pour tenir ferme contre les manœuvres du diable (Ephésiens 6.10-11). Nous pouvons repousser ses attaques en attendant le jour de sa défaite ultime, lors du retour du Christ, l'enfer ayant été « préparé pour le diable et pour ses anges (Matthieu 25.41).

Si une « guerre spirituelle » se livre, qui en sont les combattants et quels sont leurs buts ? Avons-nous expérimenté l'accusation qui est l'attaque du diable ? Comment mieux remporter la victoire sur cette stratégie satanique ? Quelle est l'importance des « armes spirituelles » suivantes dans notre combat avec notre ennemi le diable : la foi, la vérité, la Parole de Dieu ?

Combien de « ruses », de tactiques diaboliques, connaissons-nous ? Quels sont les moyens à notre disposition pour les vaincre ? De quelle façon Jésus a-t-il vaincu notre adversaire le diable ?

Chapitre 36 : La Parole de Dieu

Il nous importe de voir comment manier la Parole de Dieu dans notre vie chrétienne, car elle est à la fois une nourriture et une arme. Le chrétien est né de nouveau par la Parole de vérité (Jacques 1.8 ; Romains 10.17 ; 1Pierre 2.2), lait indispensable pour sa croissance. Puis le chrétien mûr a besoin de recevoir de la « nourriture solide » (1Corinthiens 3.2 ; Hébreux 5.14) tout au long de sa vie. Cette Parole est aussi une arme contre le diable. Jésus a repoussé le malin en répondant à chaque tentation en disant « il est écrit » (Matthieu 4.1-11). Pour nous, la Parole de Dieu est le moyen de chasser les mauvaises pensées, de bannir les doutes, de redresser les erreurs. Elle est l'instrument de Dieu utile pour nous éduquer dans les voies de Dieu (2Timothée 3.16-17). Nous imiterons ainsi ceux à qui l'apôtre Jean écrit : « Je vous ai écrit, pères, parce que vous avez connu celui qui est dès le commencement. Je vous ai écrit, jeunes gens, parce que vous êtes forts, et que la parole de Dieu demeure en vous, et que vous avez vaincu le malin » (1Jean 2.14).

Le thème de la Parole de Dieu

La Bible est un grand ouvrage qui contient toute l'histoire de l'œuvre de Dieu pour le salut de l'humanité perdue. Il s'y trouve de la nourriture spirituelle en suffisance pour nourrir le chrétien pendant toute sa vie. Elle nous révèle trois choses importantes :

1. Les vérités de Dieu

La Parole dévoile des faits qui, sans éclaircissement de la part de Dieu, resteraient cachés. Ces vérités concernent le Dieu Trinitaire lui-même, sa nature glorieuse, ses desseins de grâce pour le salut des pécheurs, bref, tout ce que nous cherchons à résumer dans cette étude que nous faisons. Ces vérités sont révélées pour notre bien, pour qu'elles façonnent nos attitudes et notre vie au fur et à mesure que nous les découvrons (Jean 8.32-32 ; 17.17).

2. La volonté de Dieu

Dieu veut faire connaître à l'homme la manière de se conduire pour le refléter dans notre vie et ainsi lui plaire, en nous rendant heureux. Il exprime sa volonté par des commandements, des exhortations et des principes bibliques. Il convient donc de lire la Bible pour la mettre en pratique et vivre heureux (Luc 11.38 ; Jacques 1.21-22).

3. Les promesses de Dieu

Dieu nous offre ses bénédictions, son aide, sa grâce, son pardon, sa sagesse. A nous de nous les approprier par la foi pour en devenir les bénéficiaires. Ainsi, nous pourrons jouir pleinement de notre privilège d'enfants de notre Père céleste. Nous pourrons réclamer humblement par la foi ce qu'il a promis, par exemple la sagesse (Jacques 1.5-7), la grâce et la miséricorde (Hébreux 4.15-16), la direction (Proverbes 3.5-6), le pardon (1Jean 1.9), la puissance de son Esprit (Luc 11.13) et son aide précieuse (Esaïe 41.10).

La Parole de Dieu habite en nous

Puisque les bienfaits de la Parole sont si enrichissants, il ne faut pas perdre les occasions de la recevoir aussi régulièrement que possible (Colossiens 3.16). Il y a cinq principes qui nous aideront à établir la Parole de Dieu dans notre vie.

1. Ecouter la Parole de Dieu

Lors du rassemblement de l'église, nous pouvons entendre la Parole de Dieu. Une des tâches de l'Eglise de Jésus-Christ est celle d'enseigner la Parole de Dieu, alors sachons en bénéficier (Luc 8.8). Même si nous avons aussi le devoir de faire comme ces chrétiens dans la Bible, qui examinaient par eux-mêmes si ce qu'on leur disait était exact (Actes 17.11), que cela ne nous empêche pas de recevoir dans la communauté « la Parole avec beaucoup d'empressement ».

2. Lire la Parole de Dieu

Qui voudrait se limiter à un ou deux repas par semaine ? Nous avons quotidiennement besoin de nourriture, tant physique que spirituelle. C'est pour cela qu'il est bon de lire la Parole de Dieu pour se nourrir spirituellement quotidiennement, dans la communion du Saint-Esprit. Pour maintenir cette habitude, il est bon d'y réserver un moment précis de la journée, dans un endroit calme. Là régulièrement et de manière suivie [pas au hasard], on lit la Parole de Dieu en demandant à Dieu une parole de sa part, prêt à la serrer dans son cœur. Quelle joie de savoir ainsi que Dieu nous parle ! Que de découvertes faites dans ce face à face avec lui ! Cela donne forcément envie d'aller plus loin.

3. Etudier la Parole de Dieu

Pour grandir dans la maturité spirituelle, il faut une nourriture encore plus consistante. L'étude de la Parole de Dieu peut se faire de différentes manières. On peut aborder un livre spécifique de la Bible, cherchant à l'analyser chapitre par chapitre, à résumer les enseignements principaux. L'aide de commentaires bibliques est alors fort utile. On peut aussi suivre un seul thème à travers la Parole de Dieu. Pour ce genre d'étude, une concordance fournit la liste de toutes les utilisations du mot dans la Parole de Dieu. Une Bible avec références de textes, l'un éclairant l'autre ; ainsi, on peut suivre un thème à travers plusieurs passages qui se ressemblent [voir la Bible Thompson ou d'autres Bible d'études]. Un bon logiciel biblique comme [la Bible online] facilite l'étude de la Parole de Dieu. Des dictionnaires bibliques et des index bibliques sont d'autres outils pratiques pour celui qui veut entreprendre des études approfondies. Une autre approche est l'étude de personnages bibliques. Quelle que soit la méthode suivie, deux principes sont toujours profitables. « Méditer », c'est-à-dire réfléchir sur le sens et sur l'application des passages étudiés et « écrire », c'est-à-dire noter les résultats de ses recherches, ce qui sert à la fois à clarifier et à conserver ses pensées, pour ensuite les classer et les consulter en organisant ses connaissances.

4. Mémoriser la Parole de Dieu

La Bible nous encourage à mémoriser des passages de la Parole de Dieu (Psaumes 119.11 ; Colossiens 3.16), à l'exemple du Seigneur Jésus-Christ qui savait citer une parole appropriée en toutes circonstances. Je ne connais aucune méthode plus efficace pour la croissance chrétienne que la mémorisation régulière de la Parole de Dieu. Les versets importants nous pouvons les inscrire dans un carnet, c'est une bonne habitude pour les mémoriser, par exemple avec un peu d'application on peut mémoriser aussi la référence biblique correspondant à chaque verset et les passer périodiquement en revue pour éviter de les oublier.

5 Mettre en pratique la Parole de Dieu

Toute cette étude de la Parole de Dieu doit cependant toujours être entreprise dans le but d'une mise en pratique dans la vie chrétienne (Psaumes 119.167). En assimilant ainsi toujours la Parole de Dieu, nous remarquerons son effet sur notre vie. Nos pensées passeront d'abord par un processus que l'apôtre Paul dénomme « le renouvellement de l'intelligence » (Romains 12.2), fondamental pour notre sanctification. Progressivement, nous verrons les choses du point de Dieu, jusqu'à connaître l'expérience de l'apôtre et pouvoir dire : « Nous avons la pensée de Christ » (1Corinthiens 2.16). Notre étude de la Parole de Dieu ne façonnera pas seulement nos attitudes et nos pensées, mais aussi nos désirs et notre conduite (Psaumes 119.97). Et notre méditation sera orientée vers l'obéissance, selon les directives données par Dieu (Josué 1.8) et l'amour du prochain.

Comment la Parole de Dieu peut-elle demeurer en nous ? Pourquoi est-il important d'étudier la Parole de Dieu ? En quoi la mémorisation de la Parole de Dieu est-elle un bienfait pour notre vie chrétienne ? Comment cherchons-nous à mettre à pratique la Parole de Dieu ?

Chapitre 37 : La prière

Par la conversion, nous sommes introduits dans une relation toute nouvelle avec Dieu. Il n'est plus notre juge ; il est notre Père et nous sommes devenus ses enfants. Notre Père céleste prend soin de nous, s'intéresse à tout ce qui nous concerne, veut notre bien et se fait un plaisir de nous donner davantage de bonnes choses. De notre côté, nous avons le privilège d'avoir accès à Dieu le Père à n'importe quel moment. Mais nous pouvons aussi nous présenter devant le « trône de la grâce, afin d'obtenir miséricorde et de trouver grâce, en vue d'un secours opportun » (Hébreux 4.6).

Quand prier ?

La prière n'est pas la répétition de mots formulés par une liturgie [un rite], mais l'entretien d'un rapport personnel avec notre Père céleste. Nous ne nous nourrissons pas de la Parole de Dieu une fois par semaine, mais tous les jours. De la même façon, nous maintenons une relation étroite avec Dieu en priant au quotidien. La meilleure heure pour la prière et la lecture de la Bible est probablement tôt le matin, afin de préparer sa journée dans la présence de Dieu. Il n'y a cependant pas de règle. Certains se recueillent mieux lorsque les enfants sont partis pour l'école ou trouvent un moment plus favorable le soir. D'autres peuvent se retirer à midi pour être seuls avec Dieu. L'important est que le chrétien ait suffisamment envie de bénéficier de ce privilège d'un tête-à-tête personnel avec Dieu pour s'imposer volontairement cette discipline. Parfois, en effet, un désir ardent nous pousse à prier et il est bon de laisser de côté d'autres occupations pour être seul avec Dieu quand l'Esprit nous attire ainsi. À d'autres moments, lorsque l'envie nous manque, l'habitude peut nous mener à maintenir cette rencontre régulière avec Celui qui peut nous renouveler quand nous nous trouvons en sa présence.

Toutes sortes de prières

Le mot « prière » recouvre généralement toute communication avec Dieu. Inutile de dire que, selon la Bible, ni prière ni culte ne sont à offrir à d'autres qu'à Dieu seul (Matthieu 4.10 ; Apocalypse 22.8-9) ; de telles « prières » sont une abomination au Seigneur, comme ce fut le cas pour Paul (Actes 13-18) et Pierre (Actes 10.25-26) à qui des personnes ont voulu rendre un culte. Notre moment de « culte avec Dieu » peut être enrichi par toutes sortes de prières adressées au Seigneur.

Adoration et remerciements

En nous recueillant, réfléchissons à Celui que nous rencontrons. C'est Dieu, le Tout-Puissant, l'Eternel, notre Père céleste, tendre, plein de bonté, de compassion et d'amour pour nous. Considérons ses attributs et louons-le pour ce qu'il est, ses perfections et sa nature glorieuse. « Abondez en actions de grâce » (Colossiens 2.7) nous exhorte l'apôtre Paul. Apprenons donc à compter les bénédictions de Dieu, à passer en revue tout ce que le Père fait pour nous, tout ce que le Fils accomplit pour nous et tout ce que fait le Saint-Esprit pour nous aider et nous fortifier. « En toute circonstance, rendez-grâce » (1 Thessaloniciens 5.18) car, quelles que soient les circonstances, Dieu, notre Père, les contrôle. Et s'il permet des choses difficiles à supporter, nous croyons cependant que « toutes choses coopèrent au bien de ceux qui aiment Dieu » (Romains 8.28). Il y a toujours des sujets pour lesquels remercier le Seigneur.

Confession

Quand nous entrons dans la présence d'un Dieu saint par la prière, nous devenons vite conscients de nos échecs, de nos manquements, de nos fautes. C'est pourquoi, une partie de notre prière journalière doit être consacrée à la confession de nos péchés. Si nous prenons l'habitude de prier le soir aussi bien que le matin, nous pouvons passer en revue notre journée avec le Seigneur. Chaque jour, nous sommes conscients de ne pas avoir toujours agi selon la volonté parfaite du Père : « Nous bronchons tous de plusieurs manières » (Jacques 3.32). Nos mobiles ne sont souvent pas purs, nos paroles ont peut-être blessé autrui, notre consécration était moins que totale et nous n'avons pas fait ce que nous aurions dû faire. Il est de la plus grande importance d'être honnête par rapport à notre conscience. Nous devons, chaque jour, faire face à nos manquements et les confesser, sans les dissimuler : « Si nous disons que nous n'avons pas de péché, nous nous séduisons nous-mêmes, et la vérité n'est pas en nous. Si nous confessons nos péchés, il est fidèle et juste pour nous pardonner nos péchés et nous purifier de toute injustice » (1 Jean 1.8-9). Tout en louant Dieu de ce qu'il nous a déjà accordé le pardon de nos péchés, nous nous devons de nous imposer une discipline intérieure d'honnêteté en confessant nos péchés à notre Père céleste. Par-là, le Père renouvelle notre communion avec lui, interrompue par nos égarements. Et par là, nous renouvelons régulièrement notre attitude de repentance envers le péché. Ce qui nous préserve de l'orgueil et de la propre justice.

Demandes

Le Seigneur Jésus nous invite à soumettre nos requêtes à son Père, non pas dans l'idée de le persuader de s'intéresser à nos besoins, car il est plein d'amour pour ses enfants. Nous prions pour recevoir les bienfaits qu'il veut nous accorder. Il attend seulement que nous les lui sollicitions (Matthieu 7.7-11), pour que nous soyons pleinement conscients de ce que nous demandons : est-ce selon la volonté de Dieu ou non ? Dieu désire aider ses enfants, pourvoyant, mieux qu'un père humain, à tous leurs besoins. Ce privilège de la prière n'est pas limité à des requêtes pour nos propres besoins ; nous sommes encouragés à intercéder aussi pour les autres. La Bible contient de nombreux exemples d'exaucements de ce genre de prière, ainsi que beaucoup d'exhortations à prier « les uns pour les autres » (Jacques 5.16). Apporter au Seigneur les sujets de prière d'autrui est une façon d'aimer les autres ; c'est même souvent le plus grand bien que nous puissions faire pour eux.

Trois principes de la prière

1. Prier selon la volonté de Dieu

Par la prière, nous entrons donc dans les plans bienveillants de notre Père, et ces supplications lui permettent de faire ce qu'il aimerait faire, mais qu'il ne ferait pas sans elles. Devant nos propres besoins ou ceux d'autrui, nous devons nous poser la question : « Qu'est-ce que Dieu veut dans cette situation ? » Et, nous laissant inspirer par la Parole et par l'Esprit de Dieu, nous les formulerons selon son désir. De telles demandes, qui ne sont pas égoïstes, réjouissent le cœur de Dieu (1 Jean 5.14-15).

2. Prier avec foi

Toute prière est un exercice de foi. En priant, nous pouvons nous saisir des promesses bibliques et faire confiance au Seigneur pour leur accomplissement (Matthieu 21.22). Prier de cette manière cultive la confiance dans le fait que Dieu exaucera réellement nos demandes. Prier avec foi est aussi le remède à l'anxiété (Philippiens 4.6-7). Après avoir prié, il est bon d'inscrire dans un carnet la requête faite à Dieu, sachant qu'il s'en occupe. Et, quand l'exaucement viendra, le noter en face de la requête, avec la date : ce sera un encouragement pour plus tard.

3. Prier avec persévérance

Si les exaucements tardent, c'est que Dieu veut éprouver l'ardeur de notre désir et purifier notre mobile par l'attente. Mais Jésus encourage à persévérer, à « toujours prier et ne pas se lasser » (Luc 18.1). L'apôtre Paul souligne la nécessité de prier continuellement afin d'obtenir des exaucements (Ephésiens 6.18). Il écrit ceci dans un contexte de combat contre le diable, enseignant l'importance d'insister dans l'intercession. Ce n'est qu'ainsi que sera surmontée l'opposition exercée par Satan contre la réalisation des plans parfaits de Dieu.

Prier sans cesse

Nous devons non seulement passer des moments en prière et persévérer dans nos requêtes, mais nous devons aussi chercher à cultiver une relation d'amitié avec Dieu. Une relation telle que nous trouvions tout naturel de lui parler partout et de tout. Puisqu'il est toujours avec nous, ne négligeons pas sa présence, mais prenons l'habitude de lui adresser en toute occasion, tout au long de la journée, ces trois sortes de prières : « merci », « pardon » et « s'il te plaît ».

Quelle sorte de prières nous semble la plus difficile à pratiquer, et pourquoi ? Cherchons des réponses à ces problèmes : Pourquoi la foi est-elle une condition si importante de la prière efficace ? Quelles raisons peuvent être évoquées pour expliquer le non-exaucement de certaines prières ? Y a-t-il des passages bibliques qui le précisent ? La prière a-t-elle pour but l'accomplissement de la volonté de Dieu ? Comment passons-nous nos moments de prière avec le Seigneur ? Avons-nous des exemples d'exaucements de prière ?

Chapitre 38 : Le témoignage chrétien

Après notre conversion, nous apprécions ce qui nous est arrivé et nous commençons à goûter les joies d'une communion avec Dieu. Nous nous rendons compte de l'importance de la découverte que nous avons faite et désirons ardemment en témoigner autour de nous. Nous rapportons à notre entourage ce que Dieu a fait pour nous.

Les témoins de Jésus-Christ

On appelle « témoin » celui qui a vu un événement advenir, un accident, par exemple, et qui, de ce fait, est qualifié pour en parler. Jésus appelle ses disciples ses « témoins » parce que, pendant trois ans, ils l'ont côtoyé, l'ont suivi pendant son ministère jusqu'à son arrestation et sa crucifixion et l'ont vu ressuscité. Ainsi, quand ils se mettent à prêcher le Christ mort et ressuscité pour nous, ils peuvent renforcer leurs paroles en affirmant « *Nous sommes tous témoins* » *(Actes 2.32)*. Le témoignage des apôtres diffère du nôtre. Nous n'avons pas vu Jésus de nos propres yeux. Nous sommes cependant témoins de Christ si nous pouvons parler de la manière dont Jésus est devenu notre Sauveur et de ce qu'il fait dans notre vie. Dès que sa vérité commence à transformer nos attitudes, son Esprit produit du fruit dans nos vies, nous recevons des exaucements à nos prières et nous ressentons la présence et la paix de Dieu en nous. Ainsi nous voulons partager la connaissance de ces bonnes choses avec d'autres. L'Evangile nous ayant fait du bien, nous comprenons que c'est aussi ce dont nos amis ont besoin. Tout naturellement, nous voulons leur faire part de notre découverte. Nous sommes devenus témoins de Jésus-Christ.

Témoigner de Jésus-Christ par notre vie et par nos paroles

Le témoignage de Jésus le plus convaincant que nous puissions donner, c'est la transformation visible de notre vie (1Pierre 3.1-2). Pour toucher ceux que nous côtoyons tous les jours, en famille, à l'école ou au travail, le témoignage vécu compte beaucoup plus que le témoignage parlé. Mais les deux sont nécessaires. Il faut expliquer que Christ est la raison du changement dans notre vie, sinon ce n'est pas un vrai témoignage. Certains sont malheureusement plus prompts à parler de Christ qu'à vivre selon Christ. L'erreur inverse existe aussi : on veut bien vivre en bon chrétien, mais on n'ose parler à personne de sa foi.

Il ne faut pas forcer notre témoignage de façon rébarbative sur un auditeur récalcitrant, mais nous devons être prêts à parler de notre Sauveur quand l'occasion se présente. La vraie foi confessera Jésus comme Seigneur (Romains 10.9-10 ; 2Corinthiens 4.13). Nous donnons un témoignage équilibré quand notre vie chrétienne renforce l'impact de nos paroles pour le Seigneur. Mais aussi quand nos paroles complètent l'impact de notre vie, afin que les gens se tournent vers Christ pour trouver le salut.

Evangélisation et témoignage personnel de Jésus-Christ

Il convient de distinguer notre témoignage personnel, fruit de notre conversion, et la responsabilité d'évangélisation qui incombe à l'Eglise dans son ensemble. Nous sommes tous des témoins de Jésus-Christ. Nous pouvons être plus au moins de bons témoins, selon que nos vies chrétiennes sont plus au moins dignes du Seigneur, et à condition que nos explications soient bibliquement correctes. Mais nous ne sommes pas tous des chrétiens qui ont le don d'évangéliser. Jésus a confié à l'Eglise dans son ensemble la tâche d'aller dans le monde entier, afin de faire des disciples et de leur enseigner à observer tout ce qu'il a prescrit (Matthieu 28.19-20). En assumant cette responsabilité, nous collaborons, en utilisant les talents qui nous sont donnés par le Saint-Esprit. L'important est que nous nous sentions solidaires face à cette responsabilité et que chacun fasse valoir son don particulier.

Puisque nous sommes tous des témoins, chacun peut contribuer à faire connaître l'Evangile autour de lui. Ce faisant, il est bon de chercher sans cesse à améliorer sa façon de communiquer l'Evangile. Nous avons tous des occasions de parler du Seigneur Jésus (1Pierre 3.15). Si une personne nous pose une question difficile à répondre, mieux vaut sincèrement avouer notre ignorance et promettre de chercher une réponse plus tard que d'essayer de cacher notre ignorance par des explications insuffisantes. Les gens apprécient davantage la sincérité que la brillance théologique !

Annonçons l'Evangile

Si nous témoignons de Jésus, étudions le message de l'Evangile et les moyens de le communiquer aux autres. Nous allons peut-être développer un don d'évangéliste. Nous participerons ainsi à l'œuvre la plus exaltante de la vie chrétienne, ce que l'apôtre Jacques appelle « sauver une âme de la mort » (Jacques 5.20). Puisqu'il plaît à Dieu de sauver par la prédication de l'Evangile (1Corinthiens 1.21), nous qui transmettons l'Evangile de Christ nous pouvons amener des gens à la conversion et au salut. Cette « prédication » ne doit pas obligatoirement être faite derrière un pupitre dans une église. Elle peut se faire très doucement, en tête à tête (c'est la meilleure méthode avec les musulmans), autour d'une tasse de café ou thé à la menthe dans un salon. La plupart du temps, notre témoignage fera réfléchir notre interlocuteur et l'encouragera à progresser un peu plus dans son cheminement. Aujourd'hui, en général, le non-chrétien a besoin d'acquérir des notions fondamentales avant d'être à même de prendre une décision personnelle par rapport à Jésus-Christ. Dans tous les cas, soyons au moins prêts et attentifs à saisir les occasions de dispenser les bases de l'Evangile quand nous trouvons une personne prête à écouter. Le moment venu, nous apprécierons l'importance de ces périodes tranquilles d'étude qui nous ont permis de maîtriser et mémoriser des passages bibliques qui enseignent la vérité.

Quel est le rapport entre confesser sa foi et témoigner ? Par quels moyens pouvons-nous rendre notre témoignage plus efficace ? Comment compléter cette définition : « Evangéliser, c'est... ? Quelles expériences avons-nous eues dans le témoignage ? Comment expliquons-nous l'Evangile simplement ?

Chapitre 39 : L'Eglise de Jésus-Christ

Dans la lettre aux Ephésiens, l'apôtre Paul met en parallèle la relation entre époux et le rapport entre Christ et son Eglise, enseignant ainsi deux vérités qui s'éclairent mutuellement. Nous apprenons, dans ce même passage, à la fois la volonté de Dieu concernant les comportements de la femme et de son mari et la volonté de Dieu concernant la relation entre l'Eglise et son Chef (Ephésiens 5.22-27).

L'ensemble des rachetés

Ce passage définit ce qu'est l'Eglise : elle est le « corps de Christ », dont il est le « Sauveur » et le « chef » ou, littéralement la « tête ». En appelant l'Eglise le corps de Christ, l'apôtre Paul souligne qu'elle est avant tout un organisme vivant, dont tous les membres sont attachés à Christ, la tête du corps. Il existe un lien vital entre chaque membre de l'Eglise et Jésus. En d'autres termes bibliques, chaque membre est « en Christ », uni spirituellement à son Sauveur et animé par la vie de Christ, car Christ est « en lui ». L'Eglise est le corps, regroupant l'ensemble des personnes dont Jésus est le Sauveur.

Il est vrai que Jésus est appelé le « Sauveur du monde » (1Jean 4.14) ; toutefois, tous ne bénéficient pas de son salut. Seuls ceux qui viennent à Christ par la foi sont sauvés. Ainsi, il est appelé « le Sauveur de tous les hommes, surtout des croyants » (1Timothée 4.10), car les convertis sont ceux dont il est effectivement le Sauveur. L'Eglise de Jésus-Christ est donc l'ensemble de ceux qui, par la nouvelle naissance, sont « en Christ ». Par leur conversion à Christ, tous les membres de l'Eglise ont été sauvés par le Sauveur. « Christ est le Chef de l'Eglise » car chaque membre de l'Eglise, en venant à Christ, l'a reconnu comme Seigneur de sa vie. Christ est le Seigneur et le Chef de l'ensemble des sauvés. Jésus est venu par amour pour racheter cette Eglise. Il « s'est livré lui-même pour elle », effaçant ses péchés, la rachetant comme son peuple et lui accordant une destinée où elle sera glorifiée, sans tache de péché, sainte et parfaite dans sa présence.

L'Eglise invisible

Il découle de ce qui précède que l'on entre dans l'Eglise de Jésus-Christ par la conversion, ou, plus précisément, par la nouvelle naissance. Le début de l'Eglise date de (Actes 2). L'Evangile est prêché ; des pécheurs convaincus de leur besoin d'être pardonnés et libérés de leur péché croient en Christ, se repentent, et sont baptisés. Le nombre de disciples est compté à partir de ce premier jour de la Pentecôte où le Saint-Esprit est donné aux apôtres d'abord, et à chaque converti ensuite. Le vrai chrétien est né de l'Esprit, a été baptisé dans le Saint-Esprit et, l'ayant reçu, est devenu « le temple du Saint-Esprit » (1Corinthiens 6.19). L'Eglise, c'est-à-dire l'ensemble des vrais chrétiens, est appelée elle aussi « le temple de Dieu », sa maison spirituelle où réside son Esprit, car il habite tous ses membres (1Corinthiens 3.16 ; 12.13 ; Ephésiens 2.20-22 ; 4.3-4). Peut-on donc savoir qui est cette Eglise de Jésus-Christ, et où elle se trouve ? Il est fort difficile de la cerner, puisqu'elle réunit tous les chrétiens nés de nouveau dans le monde entier, et même de tous temps. Elle est trop vaste à saisir pour un homme, mais il est de plus impossible de savoir avec certitude qui en fait partie, car Dieu seul connaît les cœurs. Il est vrai qu'il existe des indices de la vraie conversion (voir le thème sur la conversion). Si nous voyons les fruits de la nouvelle naissance dans notre vie ou dans celle des autres, nous pouvons en déduire que nous faisons, avec eux, partie de l'Eglise de Jésus-Christ. Mais on rencontre tant de cas où il est très difficile à l'homme de discerner si l'autre est vraiment converti, qu'il vaut mieux humblement réserver son jugement (2 Timothée 2.19). Le fruit d'une vraie confession de foi en Christ, c'est une vie sainte. Pour ces raisons, on parle parfois de l'Eglise de Christ comme de l'Eglise « invisible », car elle est composée de personnes connues de Dieu seul. Elle n'est donc pas enfermée dans une seule dénomination chrétienne, comme si seuls les baptistes, ou les réformés, ou les catholiques romains étaient la véritable Eglise de Jésus-Christ. Les vrais convertis de toutes les dénominations chrétiennes forment ensemble le corps de Christ. Parmi ces élus de Dieu, ces rachetés, beaucoup vivent en ce moment, sur terre, mais un grand nombre, ceux des siècles passés sont morts en Christ et nous ont devancés dans la foi. Ce sont-les « esprits des justes parvenus à la perfection » (Hébreux 12.23), en attente du retour de Jésus, et de l'enlèvement auprès du Seigneur Dieu, dans son royaume éternel (1 Thessaloniciens 4.17).

Le fondement de l'Eglise

Jésus est le Chef et le Fondateur de son Eglise (Matthieu 18.18). C'est Jésus qui bâtit l'Eglise et qui en est le seul fondement (1Corinthiens 3.11). L'Eglise n'existe pas sans profession de foi en Jésus-Christ comme Seigneur. Comme Pierre, le premier, le dit à Jésus : « Tu es le Christ, le Fils du Dieu vivant » (Matthieu 16.16). C'est sur le « roc » de la profession de foi en Jésus le Fils de Dieu, que l'Eglise sera construite. L'apôtre Pierre, il est vrai, a un rôle central dans la fondation de l'Eglise. Il est le premier, « avec les onze » (Actes 2.14), à proclamer le message de l'Evangile de Christ, le jour de la naissance de l'Eglise, lors de la première Pentecôte chrétienne. Par la puissance du Saint-Esprit, trois mille juifs sont amenés à la foi en Jésus comme Messie et Seigneur, et reçoivent le Saint-Esprit dans leur vie. Les Actes des apôtres relatent aussi comment les apôtres Pierre et Jean « imposèrent les mains » aux premiers croyants Samaritains (descendants d'Abraham mêlés à une race païenne, considérés comme hérétiques par les juifs) et comment, ceux-là aussi, « reçurent l'Esprit saint » (Actes 8.17). Enfin, Pierre, éclairé par une vision de la part du Seigneur, surmonte ses préjugés juifs et annonce le premier, l'Evangile aux non-juifs. Eux aussi, en croyant au Christ, reçoivent alors le « don du Saint-Esprit » (Actes 10.44-48). À trois reprises, en des moments décisifs de la fondation de l'Eglise de Jésus-Christ, c'est donc l'apôtre Pierre qui utilisant la clé de la proclamation de l'Evangile, ouvre la porte de la foi et du salut d'abord aux juifs, ensuite aux Samaritains, et enfin aux païens ; l'apôtre Paul, prédicateur du même Evangile que celui prêché par Pierre et les onze, écrit plus tard à une église qu'il a implantée : « Vous avez été édifiés sur le fondement des apôtres et des prophètes, Jésus-Christ lui-même étant la pierre de l'angle » (Ephésiens 2.20), la pierre sans laquelle l'édifice ne peut se construire et tenir debout. Ainsi, par cette proclamation par les apôtres de la bonne Nouvelle de Christ comme Messie et Seigneur, mort et ressuscité pour notre salut, l'Eglise est établie, chaque converti recevant l'Esprit Saint et devenant une « brique » dans l'édifice spirituel. Pierre lui-même, loin de réclamer pour lui une importance quelconque dans l'Eglise prêche Christ comme la pierre angulaire (Actes 4.11). Par ses écrits, il invite les chrétiens à s'approcher de Jésus (1Pierre 2.4-7). Jésus a fondé son Eglise universelle et il la bâtit encore par le moyen des ministères qu'il met à son service (Ephésiens 4.11-12). Aujourd'hui encore, par le moyen de ses serviteurs, le Seigneur ajoute chaque jour à l'Eglise ceux qui sont sauvés (Actes 2 .47), et cela dans le monde entier.

Qui fait partie de l'Eglise de Jésus-Christ ? Comment le savons-nous ? Qu'implique le fait que Christ soit le « Chef » ou la tête du corps qu'est son Eglise ? Comprenons-nous la notion de l'Eglise « invisible » ? Pourquoi est-il important de la saisir ? Réfléchissons au sens des paroles du Seigneur en (Matthieu 16.18) ? L'Eglise universelle est-elle enfermée dans une dénomination ? Qu'est-ce que l'Eglise « confessante » ?

Chapitre 40 : L'église locale

Dans l'évangile selon Matthieu, Jésus ne parle que deux fois de l'Eglise, dans un sens complémentaire. A Pierre qui vient de confesser sa foi en Christ le Fils de Dieu, Jésus affirme :"Sur cette pierre (de la confession de foi en moi) je bâtirai mon Eglise» (Matthieu 16.18). Son plan est de sauver les pécheurs par le monde entier, en les appelant à former son peuple. Le mot grec traduit par « Eglise » signifie « ceux qui sont appelés » c'est-à-dire appelés hors du monde par l'annonce de l'Evangile, pour former le peuple de Dieu.

Cependant dans un second texte Matthieu (18.17) utilise le mot église pour parler d'un groupe de personnes, d'une assemblée chrétienne dans une localité, à qui on soumet un différend entre frères chrétiens. La volonté de Dieu est donc que ses rachetés vivent une vie d'église sur le plan local. Dans le premier sens, il s'agit d'une seule Eglise, formée par l'ensemble des sauvés, et dans le second sens, nous voyons beaucoup d'églises locales, où les enfants de Dieu se réunissent dans l'adoration commune. En se convertissant, le croyant devient membre du corps de Christ, de l'Église universelle. Logiquement, il participera désormais à l'expression locale de cette Eglise, dans le groupe de croyants convertis de sa localité.

<u>L'unité des églises</u>

Les églises locales fondées par des apôtres au premier siècle ne sont pas liées par une organisation structurelle, mais plutôt par une union spirituelle provenant du fait que chaque église est composée de convertis unis spirituellement à Christ, le Seigneur et le chef de l'Eglise. Ces églises composées de croyants nés de nouveau et baptisés jouissent d'une unité organique, selon trois principes :

1. Tous les membres croient au même salut accompli par le Sauveur Jésus.

2. Tous les membres partagent le même enseignement de la Parole de Dieu.
3. Tous les membres connaissent la présence du Saint-Esprit.

Bien que connaissant une solidarité avec des églises sœurs, ces premières églises sont surtout exhortées à maintenir l'unité entre chrétiens au sein même de leurs églises locales (Philippes 2.2.4.2 ; 1Corinthiens 1.10-13 ; 12.25 ; Ephésiens 4.2-3). C'est dans le contexte de la communauté locale que l'expression de l'amour chrétien renforce le témoignage, afin que le monde reconnaisse l'authenticité du message chrétien (Jean 17.21). Le « tous » dont il est question dans ce verset concerne ceux qui croient en Christ, par le témoignage des apôtres (Jean 17.20). Les bases bibliques, indispensables pour une unité valable, sont au nombre de trois :

1. La conversion par la foi en Christ.
2. L'acceptation de la vérité biblique.
3. L'amour qui nous unit par la présence du Saint-Esprit.

<u>Les activités de l'église locale</u>

Dans (Actes 2.42-47), nous avons une description de la vie de la première église locale, celle de Jérusalem. Nous y apprenons trois activités principales de cette [et de toute] église locale biblique.

1. Adoration
2. Edification
3. Evangélisation

Dans leurs relations avec Dieu, les chrétiens s'adonnent à *l'adoration* (v.47) et à la prière (v.42). Dieu veut que son peuple le connaisse, l'apprécie, l'aime et exprime cet amour par la louange et l'adoration. C'est l'activité la plus élevée dont les chrétiens soient capables. Dans ces réunions, l'église locale fait monter vers Dieu un culte d'adoration « en esprit et en vérité » (Jean 4.24). C'est l'Esprit qui glorifie Christ, qui verse l'amour de Dieu dans nos cœurs et qui incite les chrétiens à la louange. À la lumière de la vérité révélée par Dieu lui-même, nous ne pouvons que l'apprécier et lui rendre grâces, en toute sincérité, sans hypocrisie.

La prière a également une place importante. Le Seigneur Jésus promettait sa présence particulière là où deux ou trois s'assemblent en son nom pour lui demander des choses dans la prière (Matthieu 18.19-20). La première église naquit à la Pentecôte après dix jours de prière et elle s'adonnait à la prière en toutes circonstances. De même, les églises locales d'aujourd'hui peuvent obtenir par la prière l'intervention et les bénédictions de Dieu, indispensables pour la croissance de l'Eglise.

En ce qui concerne *l'édification* des membres, ils persévéraient « dans l'enseignement des apôtres » et jouissaient de la « communion fraternelle » (v.42). Le Seigneur Jésus lui-même donne l'ordre à ses apôtres d'enseigner aux disciples tout ce qu'il leur dit (Matthieu 28.20). Les apôtres prennent très aux sérieux leur double obligation de fidélité : (1) garder d'abord cet enseignement intact et (2) le transmettre ensuite avec intégrité. L'apôtre Paul fait preuve de cette même fidélité. Il écrit aux Galates que l'Evangile lui a été confié (Galates 2.7), et il insiste sur l'importance absolue de garder cet Evangile de toute corruption (Galates 1.6-9 ; 2Timothée 2.2). Le rôle principal de l'Eglise dans l'enseignement est cette transmission fidèle du dépôt de la vérité inspirée, promulguée par le Seigneur Jésus et ses apôtres. Pour notre époque, cela se résume à une fidélité honnête à l'Ancien et au Nouveau Testament de la Bible, dans la soumission à leur autorité (2Corinthiens 4.2).

Notre communion fraternelle est fondée sur notre expérience commune de la grâce de Christ (Jean1.3 ; 1 Jean 1.7).

L'entente fraternelle entre chrétiens est due à l'œuvre du Saint-Esprit demeurant en chacun, créant « l'unité de l'Esprit » (Ephésiens 4.3) et stimulant chaque membre dans un service selon ses dons spirituels pour « l'édification du Corps de Christ » (Ephésiens 4.12). Cette entente s'exprime dans l'entraide, manifestée dans la première église par la mise en commun des biens, manière frappante de témoigner l'amour chrétien en prenant soin des nécessiteux. Aujourd'hui encore les œuvres de solidarité sont essentielles dans la communauté chrétienne.

Dans ses responsabilités envers ceux du dehors, l'Eglise a un rôle de témoin de Christ, de qui elle a reçu la mission de *l'évangélisation* du monde. Son style de vie, marqué par l'amour de Dieu, démontrera la réalité de Christ vivant parmi les disciples. Au début, les actes puissants de Dieu, les vies transformées des disciples, « leur allégresse et leur simplicité de cœur », le partage de leurs biens, frappent tous ceux qui les voient. Ainsi, l'Eglise des premiers temps « obtenait la faveur de tout le peuple » (Actes 2.46-47). Quand dans ce contexte, « avec une grande puissance les apôtres rendaient témoignage de la résurrection du Seigneur Jésus » (Actes 4.33), il n'est pas surprenant que « le Seigneur ajoutât chaque jour à l'Eglise ceux qui étaient sauvés » (Actes 2.47).

De même aujourd'hui, les églises locales témoignent de l'amour et de la sainteté de leur Sauveur par leur vie communautaire, « portant la parole de vie », « au milieu d'une génération corrompue et perverse parmi laquelle » elles brillent comme des phares dans l'obscurité (Philippiens 2.15-16). Communiquer le message de salut en Christ est la responsabilité principale de l'Eglise envers le monde. Chaque église locale, par sa lumière, est appelée à éclairer sa région et, par son rayonnement dans l'évangélisation, à amener des pécheurs à la conversion à Christ. Ainsi l'Eglise grandit et se développe dans l'esprit missionnaire, obéissant à l'ordre de son Seigneur : « Allez dans le monde entier et prêchez la Bonne Nouvelle de [l'Evangile] à toute la création » (Marc 16.15).

Qu'apprenons-nous de la nature de l'Eglise, sachant que le mot « Eglise » signifie « appelée hors de » ? Quelles sont les ressemblances et les différences entre l'Eglise universelle et l'église locale ? Quelles sont les activités principales de l'église locale ?

Chapitre 41 : Le baptême

Un seul baptême

Le baptême est l'ordonnance initiale par laquelle l'église locale accueille le converti. Le baptême d'eau est le symbole visible de la nouvelle naissance qui place le croyant en « Christ », l'unit à son Sauveur, le réunit comme membre au corps spirituel qu'est « l'église » dont Christ est la tête (Romains 6.3). Il fait suite à la conversion et, par ce baptême en Christ, le croyant entre dans l'Eglise de Jésus-Christ (1Corinthiens 12.13). C'est une œuvre de Dieu, donnant au croyant toutes les bénédictions qui sont en Christ (Galates 3.27). Par ce baptême d'eau, nous nous unissons spirituellement à Christ, dans sa mort au péché et dans sa résurrection. Nous recevons ainsi une nouvelle vie animée par l'Esprit de Christ (Romains 6.3-5 ; Colossiens 2.11-12). Le baptême d'eau symbolise ce qui a été accompli par Dieu le Fils crucifié et ressuscité. Ce baptême est donc le signe extérieur d'une véritable expérience intérieure « la nouvelle naissance ». Ceux qui sont entrés dans l'église par l'œuvre de l'Esprit sont accueillis dans l'église locale par le baptême d'eau.

L'ordre de Jésus

Le baptême existait avant Jésus, car les Juifs Esséniens (groupe distinct des Sadducéens et des Pharisiens) baptisaient leurs adeptes et Jean-Baptiste baptisait les repentants pour leur purification. Mais Jésus donne à ce rite tout son sens spirituel lorsqu'il ordonne que ses disciples soient baptisés (Matthieu 28.19-20). Cet ordre concerne en premier lieu ceux qui s'en vont prêcher l'Evangile dans le monde entier. Les apôtres d'autrefois sont partis évangéliser le monde et ont baptisé les convertis. Toutefois, les disciples s'ajoutent à l'Eglise non par l'application d'un rite symbolique, mais en devenant dans leur cœur des disciples de Christ. Cependant, les convertis doivent manifester leur foi et leur repentance dans l'engagement concret du baptême. C'est ainsi que l'ordre du baptême s'adresse en second lieu au converti lui-même. Pour lui, c'est à la fois un témoignage public de sa foi en Christ et un engagement public dans la voie d'obéissance à son Seigneur. Jésus relie ainsi la conversion, le baptême et la vie de l'église qui en découle. C'est de cette manière que les apôtres amènent les personnes à s'engager au début de l'église (Actes 2.38 ; 41-42). Se faire baptiser en s'engageant dans la vie chrétienne est un acte normal pour le converti. Il est alors accueilli comme membre de l'église locale qui le baptise.

La signification du baptême

Le mot « baptisé » signifie « plonger ». Le baptême se pratique donc par immersion totale à l'époque du Nouveau Testament. Jésus se joint à la foule de ceux qui « se faisaient baptiser [plonger] par lui [Jean-Baptiste] dans le fleuve Jourdain » (Matthieu 3.6,13-16). Les mots employés aussi pour décrire le baptême de l'eunuque, en (Actes 8.38-39), sont significatifs. Si le baptême se pratique en aspergeant un peu d'eau sur le front du nouveau converti ou d'un bébé comme font certaines traditions chrétiennes, pourquoi faudrait-il que Philippe et l'eunuque descendent tous les deux dans l'eau ?

Si Jésus s'identifie aux hommes pécheurs par son baptême, le croyant, lui, se fait immerger dans le baptême en s'identifiant à son Sauveur. Il professe ainsi sa foi en Christ et, par le moyen du symbole même, il proclame son union avec Christ dans sa mort et sa résurrection. Le symbolisme de l'immersion dans le baptême, expliqué par l'apôtre Paul en (Romains 6), est celui-ci : la descente sous l'eau du converti représente son ensevelissement, sa mort à son ancienne vie de péché, et sa sortie de l'eau célèbre sa résurrection spirituelle à une vie nouvelle avec Christ, guidée par le St Esprit. Cette union du croyant avec Christ dans sa mort et sa résurrection est réalisée par l'Esprit dans la nouvelle naissance spirituelle ; mais elle est exprimée symboliquement par le baptême d'eau. Ceux qui se font baptiser doivent se considérer comme « morts au péché, et comme vivants pour Dieu en Christ-Jésus » (Romains 6.11).

C'est pourquoi le baptême doit être administré à ceux qui ont véritablement et consciemment pris un engagement de repentance et de foi en Christ. Sinon, son symbolisme ne correspondrait pas à la réalité vécue. Le symbolisme du baptême représente aussi les deux aspects du salut. L'aspect objectif, c'est l'œuvre de la crucifixion et la résurrection de Christ, son œuvre accomplie qui nous sauve. L'aspect subjectif, c'est la conversion, notre mort au péché qu'est la repentance, et la foi qui consiste à recevoir le Christ ressuscité dans notre vie. Par cette conversion, nous sommes sauvés, et nous en rendons témoignage en nous faisant baptiser.

Baptême et salut

Le salut, nous l'avons vu, se reçoit par la foi, et non par les œuvres, à la conversion. Nous devons donc résister à l'enseignement selon lequel le baptême serait nécessaire au salut. Le Nouveau Testament met l'accent sur la foi comme seule condition nécessaire pour recevoir le salut (Actes 16.31). Le baptême n'est que le signe extérieur de cet engagement intérieur de foi et de repentance. Le salut dépend de la réalité intérieure de la foi et de la repentance et non du signe extérieur. Le Baptême d'eau ne sauve donc pas. Il ne fait pas du baptisé un enfant de Dieu, n'efface pas ses péchés. Ce n'est nullement le moyen par lequel Dieu opère la nouvelle naissance ou communique le salut. Par lui-même, le rite ne réalise rien. Le seul fait d'être baptisé d'eau n'est donc pas garantie de salut. Le salut se reçoit par la foi et « celui qui ne croira pas sera condamné » même s'il est baptisé. Gardons-nous donc d'attribuer au baptême d'eau une plus grande importance que ne lui accorde la Bible. Bien compris, le baptême témoigne du fait que l'œuvre salutaire de Christ s'est déjà réalisée par la grâce de Dieu dans le cœur du baptisé. Il marque ainsi publiquement son désir de s'engager dans le chemin d'obéissance à son Seigneur dans le cadre de l'église locale.

Dans quelle mesure le baptême est-il de la responsabilité de l'intéressé, et dans quelle mesure de l'église locale-? Qu'est-ce qui est symbolisé par le baptême, et qu'est-ce que cela implique au sujet de l'engagement du baptisé ? Qu'est-ce que le baptême réalise ou opère ?

Chapitre 42 : La sainte cène

Lorsque nous sommes accueillis dans l'église locale par le baptême d'eau nous sommes aussi accueillis à la table du Seigneur. Instituée par le Seigneur Jésus-Christ lors de son dernier repas, cette ordonnance a été pratiquée depuis le début de l'Eglise, lorsque les premiers chrétiens « rompaient le pain dans les maisons » (Actes 2.2.46). Leur baptême précédait leur participation au repas du Seigneur, ce qui peut être considéré comme la norme biblique.

Les ordonnances

Le baptême d'eau et le repas du Seigneur sont des ordonnances. Ces deux ordonnances sont des actes symboliques, posés par le croyant en vue d'affermir sa foi. Le Seigneur Jésus sait qu'un geste physique peut renforcer un engagement spirituel. Il a donc prévu que, par ces ordonnances, le croyant puisse marquer sa foi, saisir visiblement les promesses de Dieu. Les ordonnances peuvent être vues comme des sceaux par lesquels Dieu scelle les promesses de la nouvelle alliance. En y participant avec foi, nous saisissons physiquement les bienfaits spirituels immatériels. Les ordonnances viennent ainsi soutenir sa foi comme gages des réalités invisibles. Nous pratiquons le baptême et le repas du Seigneur parce qu'ils ont été ordonnés par Jésus-Christ. Le Seigneur Jésus en a ordonné le commandement : « baptisez-les » (Matthieu 28.19) et « Prenez, mangez [...] buvez-en tous », « Faites ceci en mémoire de moi » (Matthieu 26.26-27 ; Luc 22.19). Les ordonnances font références, en symbole, aux actes de Dieu au cœur de l'Evangile. Elles ont été instituées par le Seigneur Jésus à l'occasion de sa mort et de sa résurrection. Elles servent toutes deux à rappeler le fondement de notre salut : Christ, mort et ressuscité pour nous.

Le dernier repas

C'est lors du repas avec ses disciples, la veille de sa crucifixion, que Jésus institue la cène (Matthieu 26.26-28 ; Luc 22.17-20). L'expression « Buvez-en tous […] ceci est mon sang » et « Mangez […] ceci est mon corps » n'est pas à prendre à la lettre. Le Seigneur veut enseigner symboliquement qu'il va livrer son corps à la mort et verser son sang pour le pardon des péchés. Son langage à propos de la coupe clarifie cette signification : « Cette coupe est la nouvelle alliance en mon sang ». La coupe elle-même n'est pas plus une alliance que le produit de la vigne n'est devenu du sang. Mais son sang, qui sera répandu le lendemain à la croix, ouvre pour ses disciples la nouvelle alliance de la grâce de Dieu et du pardon offert aux pécheurs qui se convertissent. Le sens est évidemment imagé. C'est une manière frappante pour ses disciples de se représenter la mort expiatoire de leur Sauveur.

Mangez et buvez

Le fait de prendre, manger et boire les éléments souligne notre la participation au salut acquis par la mort du Seigneur Jésus-Christ. Nous en sommes bénéficiaires ; nous en prenons notre part, symbolisée par la réception physique du pain et du vin. Cet acte symbolique de notre participation en Jésus-Christ par le manger et le boire se retrouve dans (Jean 6). Dans ce discours prononcé douze mois avant sa mort, le Seigneur Jésus-Christ déclara : « Je suis le pain vivant descendu du ciel. Si quelqu'un mange de ce pain, il vivra éternellement, et le pain que je donnerai, c'est ma chair pour la vie du monde » (Jean 6.51) et : « Celui qui mange ma chair et qui boit mon sang a la vie éternelle » (Jean 6.54).

(Jean 6) et le repas du Seigneur font appel à deux images symboliques illustrant la même réalité. Ce sont toutes deux des illustrations de deux aspects du salut :

Première illustration : Manger le pain [mon corps]
Deuxième illustration : Boire la coupe [mon sang]

Premier aspect : Le salut dans *sa réalisation objective* est symbolisé par les éléments utilisés dans la cène : Le Seigneur Jésus-Christ est mort, a versé son sang (=sa vie), représenté par le vin, et livré son corps (représenté par le pain) au supplice de la croix pour accomplir l'expiation (=l'effacement) de nos péchés.

Deuxième aspect : Le salut dans *sa réception subjective* : pour être sauvé, le pécheur doit recevoir Jésus-Christ par la foi, ce qui est représenté par l'image de manger ou boire. Assimiler le pain et le produit de la vigne symbolise alors le fait de s'approprier le Seigneur Jésus-Christ comme Sauveur personnel.

Le Seigneur Jésus lui-même fournit heureusement la clé de la bonne compréhension dans (Jean 6), en énonçant d'abord que : « celui qui croit, a la vie éternelle » (v.47). Il explique ensuite clairement l'image utilisée : « Je suis le pain de vie. Celui qui vient à moi n'aura jamais faim et celui qui croit en moi n'aura jamais soif » (v.35). Ainsi « manger et boire », c'est venir à lui par la foi, c'est se confier en Jésus-Christ. Le reste de l'enseignement du Nouveau Testament répète ce principe : le salut se reçoit par la foi, non par les ordonnances. Les ordonnances « le pain et la coupe », instituées par le Seigneur Jésus-Christ sont censées aider et fortifier la foi en Jésus-Christ, elles ne doivent pas devenir les objets de la foi, mais doivent être respectées à cause de leur sens symbolique.

En mémoire de moi

Selon les paroles du Seigneur Jésus lorsqu'il l'a institué, ce repas est essentiellement un mémorial de la base du salut et de notre expérience du salut. C'est une célébration à laquelle seuls les chrétiens déjà associés à ce salut commun peuvent participer. Autour de la table du Seigneur, nous célébrons par la louange les événements salutaires de la croix, nous en souvenant plus visiblement par les éléments du pain et de la coupe. Nous nous recueillons dans la présence de Dieu avec reconnaissance, et pensons aussi au jour où par la foi nous avons été reçus par notre Sauveur. Il convient donc de participer au repas du Seigneur dans un esprit de grande reconnaissance, louant Dieu pour la gloire de la croix et la grâce du salut. Dieu voit que les hommes sont enclins à oublier l'essentiel. Il nous ordonne, par ces éléments, de revenir sans cesse à la base de l'expérience du salut, en nous rappelant la mort de notre Sauveur.

Cependant, nous ne regardons pas seulement en arrière. L'apôtre Paul dit que, par ce repas, nous annonçons la mort du Seigneur « jusqu'à ce qu'il vienne » (1Corinthiens 11.26). La perspective de l'espérance du retour du Seigneur doit donc illuminer notre célébration. De même, la présence réelle de Celui qui préside à sa table doit stimuler notre adoration. N'a-t-il pas dit que là où deux ou trois sont assemblés en son nom, il est au milieu d'eux » (Matthieu 18.20) ? Sa présence ne dépend pas des éléments du pain et de la coupe, comme certaine tradition chrétienne le croit ; Jésus est là où ses rachetés se réunissent pour l'adorer.

<u>Amour et relation</u>

La croix restera toujours la révélation sublime de Dieu et de l'amour de Jésus notre Sauveur. En participant régulièrement à la table du Seigneur, nous contemplons à nouveau son grand amour, et nous sommes poussés à l'aimer en retour. Le repas du Seigneur a donc pour but de maintenir dans nos cœurs un amour ardent pour Jésus. Renouvelant ainsi notre attachement à Christ, nous le remercions, nous l'adorons à nouveau pour la grâce de son salut. Ce repas signifie « gratitude, reconnaissance ». Le Seigneur Jésus rendit grâce en prenant le pain et la coupe pour les distribuer à ses disciples, et nous faisons de même en les recevant.

Une autre désignation pour le repas du Seigneur, c'est la communion (1Corinthiens 10.16-21). La participation à la table est un acte de communion avec Dieu et avec les frères et sœurs en Christ. En effet, notre amour et notre communion avec Dieu sont liés à notre attitude envers les autres : si nous disons que nous aimons Dieu, et que nous n'aimons pas nos frères, nous sommes menteurs, comme le dit l'apôtre Jean (1Jean les 4.21). C'est pourquoi, quand nous venons de la table du Seigneur, il est nécessaire que chacun s'examine soi-même (1Corinthiens 11.28). Participer au repas du Seigneur implique que l'on vérifie : ai-je reçu Jésus-Christ personnellement comme Sauveur et Seigneur et me suis-je engagé en tant que disciple ? Ai-je pardonné à celui qui m'a offensé, comme le Seigneur Jésus a pardonné à ses bourreaux ? Prendre part à la table du Seigneur est donc, en quelque sorte, un témoignage du fait que l'on veut marcher avec Jésus-Christ, en paix avec les autres. La participation régulière fournit des occasions salutaires de s'examiner, s'assurant non seulement que l'on est enfant de Dieu, mais aussi que l'on s'est repenti de tout péché connu et que l'on vit en harmonie avec ses frères et sœurs. Le cas échéant, il vaut mieux s'abstenir, suivant l'enseignement du Seigneur Jésus : « va d'abord te réconcilier avec ton frère, puis viens présenter ton offrande » (Matthieu 5.24). Faire semblant d'être en communion avec Dieu et ses frères et sœurs, et prendre le pain et la coupe, tandis qu'en réalité ont persiste dans une vie de péché, c'est une chose grave aux yeux de Dieu. Celui qui agit ainsi « mange et boit un jugement contre lui-même » (1Corinthiens 11.29). Mieux vaut adopter une attitude humble en prenant part à la table du Seigneur. C'est l'occasion de renouveler sa repentance et son engagement d'obéissance au Seigneur. Ce qui permet de vérifier que l'on est en communion avec tous ses frères et sœurs. Il est regrettable que le « lavement des pieds » qui précède la cène à l'exemple de Jésus (Jean 13), en signe de repentance, d'humilité et de pardon mutuel ne soit pas pratiqué partout.

De cette manière, communiant régulièrement, le chrétien est maintenu en bonne forme spirituelle. Les péchés et les mauvaises relations avec autrui ainsi traités systématiquement, ne peuvent prendre racine. De plus recueillis dans la présence du Seigneur, nous pouvons entrer dans une communion plus profonde avec Jésus, dans sa mort au péché, et exercer notre foi dans une appropriation renouvelée de la vie de Christ en nous. Le repas du Seigneur est une bénédiction pour l'ensemble des chrétiens de l'église locale. Ainsi, nous pouvons resserrer notre communion avec le Seigneur Jésus-Christ, nous approfondissons en même temps notre unité au sein du corps de Christ [Eglise] (1Corinthiens 10.17). Ce qui nous unit les uns aux autres, c'est le lien spirituel qu'a chacun avec Jésus-Christ. Puisque nous participons tous à la table du Seigneur, nous le célébrons tous ensemble. Et si ce repas du Seigneur renouvelle chaque membre qui y participe, il resserre également les liens entre tous et fortifie spirituellement la communion entière.

Que signifie le repas du Seigneur ? Qu'est-ce qui doit être l'objet de mes pensées lorsque je participe au repas du Seigneur ? Qui peut, et qui ne peut pas participer à cette table ? Que signifie « Mangez et buvez-en tous » ? Pourquoi doit-on s'examiner en venant à la table du Seigneur ?

Chapitre 43 : Les responsables de l'église

L'Eglise est le corps spirituel dont le Seigneur Jésus est la tête. Chaque membre du corps est « en Christ », uni organiquement à Jésus, la tête. La vie spirituelle de la tête anime aussi tous les membres qui reçoivent les directives de la tête et qui lui obéissent. Le mot « tête » dans le Nouveau Testament (Colossiens 1.18) est le même mot que « chef » (Ephésiens 5.23). L'Eglise est donc un organisme [plutôt qu'une organisation] dont Christ est le Chef. La question qui se pose alors est : si Christ est le Chef de l'Eglise, comment dirige-t-il cet organisme ?

<u>Le remplaçant de Christ</u>

Lors de son départ, Jésus parle de pourvoir à ce besoin d'un remplaçant (Jean14). En (1Jean 2.1), le Seigneur est celui qui se tient à côté de nous pour nous aider, et qui est exprimé par les mots de « consolateur, avocat, assistant ». En (Jean 14.16-17), le Seigneur Jésus annonce : « Je prierai le Père, et il vous donnera un autre Consolateur qui sera éternellement avec vous, l'Esprit de vérité ». Le Saint-Esprit est alors celui que Jésus envoie pour le remplacer et rappeler sa propre présence parmi ses disciples. Il ne peut envoyer son remplaçant qu'après son départ (Jean 16.7). L'avantage réside dans le fait que, par l'Esprit, le Christ sera présent à côté de nous où que nous nous trouvions (Jean 14.17-18 ; 15.4). Dans la nouvelle alliance, celui qui est appelé « l'Esprit de Christ » demeure en chacun de nous (Romains 8.9). Le Saint-Esprit va avoir le rôle de nous conduire dans toute la vérité (Jean 16.13), de nous révéler davantage Jésus comme Sauveur et Seigneur (Jean 15.26 ; 16.13-14) et de nous enseigner toutes choses (Jean 15.26), nous rappelant les paroles de Jésus-Christ. En effet, le Saint-Esprit assumera la continuation de l'œuvre de Jésus-Christ lui-même en sauvant des pécheurs, les ajoutant à son corps, édifiant ainsi son Eglise. Le Chef de l'Eglise dirige donc son corps spirituel par son Esprit qui habite en chaque nous. Dieu seul a le droit de diriger « l'Eglise de Dieu » (Actes 20.28), et il le fait par l'œuvre de Dieu le Saint-Esprit. Le Saint-Esprit utilise un moyen et inspiré à cet effet, pour notre bien et l'édification de l'Eglise : la Bible (2Timothée 3.16-17). Pour l'apôtre Paul, la Parole de Dieu inspirée fait autorité et accomplit un rôle irremplaçable dans la direction de l'Eglise de Jésus-Christ. C'est la raison pour laquelle, lorsqu'il prend congé des responsables de l'église d'Ephèse, Paul les « confie à Dieu et à la Parole de sa grâce » (Actes 20.32), car Dieu le Saint-Esprit dirige l'Eglise par sa Parole.

Les anciens

Mais qui sont ces responsables auxquels l'apôtre Paul s'adressait ? Etant de passage près de la ville d'Ephèse, « Paul envoya chercher à Ephèse les anciens de l'église » (Actes 20.17). Paul a l'habitude de « faire nommer des anciens dans chaque église » qu'il fonde (Actes 14.23). De même, dans l'église de Jérusalem, se trouvent, en plus des apôtres, des anciens (Actes 15.4,6,22). Les anciens sont des hommes remplis du Saint-Esprit à qui est confiée la direction de l'église locale. Dans chaque église, on trouve une pluralité d'anciens (Philippiens 1.1 ; Tite 1.5), qui sont choisis d'après les critères de maturité spirituelle énumérés en (1Timothée 3.1-7 ; Tite 1.5-9). Le mot « Ancien », signifie dans le N.T : « vieillard » et souligne l'importance de la maturité de celui qui est chargé de cette fonction. Quand les anciens de l'église d'Ephèse sont devant lui, l'apôtre Paul les exhorte dans des termes qui expliquent leur ministère (Actes 20.28). Selon ce passage de l'Ecriture, les anciens sont des surveillants. Cette responsabilité indique la nature de leur ministère. Leur travail est essentiellement pastoral (1Pierre 5.1-2). Le soin pastoral, c'est-à-dire le souci du bien-être spirituel des frères et sœurs dans la foi, va de pair avec l'enseignement de la Parole, car celle-ci fournit une nourriture spirituelle nécessaire à la foi. L'ancien doit être « apte à l'enseignement » (1Timothée 3.2) et « être capable d'exhorter selon la saine doctrine et de convaincre les contradicteurs » (Tite 1.9). Les anciens sont donc des hommes matures, spirituels, soumis à la direction du Saint-Esprit, fondés dans la Parole de Dieu et capables de l'enseigner correctement. Par eux, le Seigneur Jésus-Christ dirige son Eglise sur la terre, dans les différentes communautés locales où elle se réunit. Le Chef de l'Eglise gouverne et édifie son Eglise par des hommes qui lui sont soumis, et c'est par leur soumission personnelle à Christ et à toute la Parole de Dieu que les anciens peuvent conduire dignement l'église locale. Leur autorité spirituelle dans le service est directement proportionnelle à leur soumission au Chef de l'église.

La pluralité des anciens permet une variété de ministères parmi les conducteurs spirituels au sein même de l'église locale, et prévient les dangers d'une direction déséquilibrée ou autoritaire, ou d'un enseignement erroné. L'apôtre Paul préconise qu'un homme [ou plusieurs] parmi les anciens soit soutenu financièrement afin de pouvoir travailler à plein-temps dans l'église (1Timothée 5.17-18 ; Galates 6.6), mais ce n'est pas une condition indispensable pour être ancien. Tout homme chrétien est encouragé à aspirer à cette façon de servir Dieu et l'Eglise (1Timothée 3.1), cependant «pas pour un gain sordide, mais de bon cœur » (1Pierre 5.2). Certaines églises appellent « pasteur » cet ancien mis à part et formé spécialement pour un ministère d'enseignement et de visites pastorales. Le Seigneur Jésus donne, en effet des pasteurs à son église (Ephésiens 4.11), mais ce mot semble se référer à un don ou un ministère, plutôt qu'à un office. Bon nombre de chrétiens peuvent avoir le don pastoral sans nécessairement être établis dans les fonctions officielles dans l'église, collaborant en collégialité avec les autres anciens qui s'appliquent tous à « paître le troupeau », à faire du travail pastoral. Les anciens ont également la charge de direction de l'église locale (1Timothée 5.17 ; 3.4-5). Ils dirigent humblement, « sans tyranniser » les frères (1Pierre 5.3), considérant leur ministère comme un service qu'ils rendent aux autres. Dans la pratique, ils doivent se rencontrer pour prier pour l'église, s'entretenir sur la marche de l'église et sur les projets, se concerter pour la répartition des tâches pastorales et prier pour les malades (Jacques 5.14-15). C'est à eux d'appliquer la discipline de l'église et d'accompagner les convertis pour le baptême.

<u>Les diacres</u>

Le fardeau de la marche spirituelle de l'église locale reposant sur leurs épaules, les anciens peuvent se décharger des tâches pratiques sur d'autres hommes et femmes mis à part comme diacres, ou « serviteurs ». Ce sont eux, semble-t-il qui ont libéré les apôtres à Jérusalem pour leur laisser la possibilité de se concentrer sur la prière et le ministère de la Parole de Dieu (Actes 6.1-7). On en compte aussi dans l'église de Philippe (Philippe 1.1). Les qualités requises pour ce ministère de diacre sont semblables à celles qui sont nécessaires pour un ancien (1Timothée 3.1-7), la capacité à enseigner mise à part, car leur travail porte plutôt sur l'aspect pratique de la marche de l'église. Il existe aussi des diaconesses, comme Phoebé, qui accomplissent un service d'aide aux apôtres (Romains 16.1-2). Selon la tradition de l'Eglise, les diacres et diaconesses suivent les directives des anciens, les soulageant des tâches pratiques dans un esprit de solidarité, favorisant la mise en œuvre des dons différents de chacun pour que toutes les responsabilités soient accomplies de manière harmonieuse. Si les diacres sont responsables envers les anciens, ces derniers le sont également d'abord envers Dieu, en cherchant à accomplir sa volonté pour l'église avec fidélité et à enseigner correctement sa Parole, mais aussi envers les membres de l'église qu'ils servent, et à qu'ils doivent périodiquement faire rapport de leur gestion.

Comment le Seigneur Jésus exerce-t-il la direction de son Eglise ? Qui sont les anciens ? Comment sont-ils nommés ? Dans quel esprit un ancien doit-il accomplir son service ? Quelle est la tâche des anciens ? Quelles sont les ressemblances et les différences entre anciens et diacres ?

Chapitre 44 : Le Service chrétien dans l'église locale

« Dieu a placé chacun des membres dans le corps comme il a voulu » (1Corinthiens 12.18). Cela signifie que chacun a son importance et son rôle à jouer dans l'Eglise. Pour cette raison, on ne se contente pas de se réjouir de faire partie de cette grande famille qu'est l'Eglise universelle de Jésus-Christ, car on est appelé à agir en conséquence en étant un membre actif d'une église locale.

<u>Un lieu spirituel</u>

L'église locale est un foyer spirituel et une communauté de pécheurs pardonnés. Nous y entrons tous par la même porte, en reconnaissant notre péché et en nous confiant en Jésus-Christ. Et comme le Seigneur nous a reçus, nous accueillons de même tous les autres membres qu'il ajoute à son corps (Romains 15.7). Nous formons ainsi une famille spirituelle, tous enfants du même Père céleste, tous « en Christ » et habités par le Saint-Esprit. Et puisque « quiconque aime celui qui l'a engendré aime aussi celui qui est né de lui » (1Jean 5.1), l'amour fraternel règne dans l'église locale. Dieu sait que nous avons besoin de cet amour de la part de nos frères et sœurs dans la foi, pour nous soutenir en vivant pour lui dans un monde plutôt hostile à notre foi. Notre Seigneur Jésus pourvoit à notre besoin d'encouragement en nous plaçant dans un foyer spirituel chaleureux où nous pouvons compter sur l'aide de ceux qui nous aiment. Dans l'église locale, nous bénéficions de l'enseignement de la Parole de Dieu, de la communion fraternelle, de la sainte cène, de la prière, bref de tout ce dont nous avons besoin pour fortifier notre croissance spirituelle en vue d'une vie épanouie en Jésus-Christ. Dans la vie chrétienne comme dans le jardin d'Eden « il n'est pas bon que l'homme soit seul » (Genèse 2.18).

Comment servir ?

Le chrétien en bonne santé spirituelle ne voudra pas seulement recevoir, il voudra aussi servir dans l'église locale. Notre engagement de faire la volonté de Dieu trouvera un cadre approprié au sein de l'église locale, où nous pourrons collaborer et faire valoir notre don particulier. Dans l'église, « nous avons des dons différents » (Romains 12.6). Chaque membre de notre corps physique a sa place et son rôle dans le corps. De même « tous les membres [de l'église] n'ont pas la même fonction » (Romains 12.4), mais « chacun a reçu un don » (1Pierre 4.10) qu'il est tenu d'exercer « pour l'utilité [commune] » (1Corinthiens 12.7). Ce n'est que lorsque nous accomplissons notre rôle que le corps entier fonctionne harmonieusement.

Nous devons donc œuvrer pour le bien de l'Eglise et cela, selon les capacités et les dons de l'Esprit que Dieu nous a accordés. Nous n'avons pas la même fonction au sein de l'église car tous n'ont pas reçu le même don de l'Esprit (1Corinthiens 12.29-30). Les dons de l'Esprit ne nous sont pas accordés en récompense de notre spiritualité mais, comme leur nom l'indique, par la grâce [gratuité] imméritée de Dieu, selon sa volonté souveraine. Pour cette raison, aucun n'est supérieur à l'autre à cause du don de l'Esprit qu'il a reçu et personne ne doit s'en glorifier.

Chacun est appelé à exercer ses dons de l'Esprit dans l'amour au sein de l'église, pour l'édification de celle-ci. Nos dons sont des occasions de servir les autres et non de nous glorifier nous-mêmes. Même si nous exerçons les dons de l'Esprit les plus extraordinaires, si nous n'avons pas l'amour comme moteur pour servir, cela ne sert à rien aux yeux de Dieu (1Corinthiens 13.1-3). Mais par amour pour le Seigneur Jésus et son Eglise, nous serons contents de servir les autres, œuvrant à côté de ceux qui ont des ministères différents des nôtres. Par cette diversité d'opérations, le même Dieu qui les répartit opère « tout en tous » (1Corinthiens 12.4-6). « Puisque chacun a reçu un don mettez-le au service des autres en bons intendants de la grâce si diverse de Dieu » (1Pierre 4.10).

L'engagement pratique

Nous grandissons et servons dans le contexte de l'église locale. Comment donc en faire partie ? Comment choisir cette église ? Il est de grande importance de trouver une église favorisant un enseignement biblique le plus fidèle possible aux Ecritures, qui nourrisse la vie spirituelle. Nous nous y engageons corps et âme dans le service, sans regret ni réserve. Mieux vaut donc aller un peu plus loin, si nécessaire, pour trouver une telle église, que de compromettre sa croissance spirituelle dans une église où l'enseignement n'est pas fondé sur l'Evangile et où l'on hésiterait à amener ses amis inconvertis. La façon de s'inscrire comme membre varie d'une église à l'autre. Pour certaines, le candidat devient membre par le baptême, comme cela semble avoir été le cas dans l'Eglise primitive. Pour d'autres, il faut remplir un formulaire de demande d'admission, et peut-être suivre quelques études. Il importe de se renseigner auprès des responsables locaux et de suivre la procédure, car s'engager à devenir membre est un pas en avant important dans la marche chrétienne. Aucune contribution financière n'est à fournir pour devenir membre de l'église. Nous devons cependant soutenir librement l'œuvre de notre église locale par nos dîmes pour le salaire du pasteur et le soutien des serviteurs de Dieu, et par nos offrandes pour l'entretien des locaux et la solidarité mutuelle. Le Nouveau Testament nous exhorte à la générosité et, tout naturellement, les membres de l'église locale sont encouragés à donner de leur revenu à Dieu. De même, aux débuts de l'Eglise, les chrétiens se préoccupaient des besoins des pauvres, de sorte qu'il n'y avait pas de nécessiteux parmi eux. L'offrande d'argent pourvoit au soutien et au développement des œuvres de l'église locale [sans oublier les missions, les persécutés et l'aumône]. Cet argent est utilisé pour les frais courants, pour l'entretien du bâtiment, pour les efforts dans le domaine de l'évangélisation, (1Corinthiens 9.13-14 ; 1Timothée 5.17-19 ; Galates 6.6).

Cette participation financière doit être libre, fruit de l'amour pour le Seigneur. Si certaines églises enseignent selon l'Ancien Testament le don de la dîme [la dixième partie] des revenus (Genèse 14.17-24 ; Malachie 3.8-10), le Nouveau Testament ne mentionne pourtant pas de loi fixe, même si l'épitre aux Hébreux rappelle la dîme d'Abraham remise à Melchisédek (Hébreux 7.2). L'optique biblique est plutôt la libéralité proportionnelle. Chacun donne « ce qu'il pourra selon ses moyens » (1Corinthiens 16.2). Il faut donc une réflexion et un engagement personnels de notre part. Quant au montant de nos offrandes d'argent : « Que chacun donne comme il l'a résolu en son cœur, sans tristesse ni contrainte ; car Dieu aime celui qui donne avec joie » (2Corinthiens 9.7). L'apôtre Paul évoque comme exemple l'amour chrétien de ceux qui « ont produit avec abondance de riches libéralités : selon leurs possibilités, j'atteste, et même au-delà de leurs possibilités, de leur plein gré » (2Corinthiens 8.2-3). Ainsi cherchons la direction du Seigneur quant à notre participation financière à la marche de l'église locale.

Notre participation

Outre notre contribution financière, nous sommes invités à participer régulièrement aux activités de l'église locale, cherchant, chacun dans sa vie personnelle, à « marcher d'une manière digne de la vocation » de disciple de Christ (Ephésiens 4.1). En plus du culte de la semaine, nous nous réjouissons d'assister, autant que possible, aux diverses rencontres de la semaine. Périodiquement, nous serons convoqués aux réunions administratives. Ainsi, nous pourrons participer d'une certaine façon à la direction de l'église, en entendant les rapports des responsables, en étudiant le bilan et le budget de l'église. Nous pourrons faire part de nos suggestions pour l'amélioration de la marche de l'église. Nous avons le privilège de participer ensemble au fonctionnement et au développement de l'église. Car si la direction de l'église incombe aux anciens, il nous appartient de reconnaître leur appel et d'approuver les rapports de leur gestion. Ainsi, ensemble, tous les membres de l'église, y compris les conducteurs, cherchent à discerner la volonté du Seigneur Jésus-Christ pour la marche de l'église locale. Tous donc manifesteront la spiritualité de leur engagement en priant et en participant avec amour, sagesse et maîtrise de soi à ces réunions administratives de l'église, dans l'harmonie, et en recherchant la pensée du Chef, le Christ auquel nous sommes tous soumis.

Pourquoi l'accueil est-il si important dans l'église locale ? Que faire pour l'améliorer ? Quels arguments peut-on utiliser pour encourager un converti à devenir membre d'une église locale ? Que peut-on faire si on est conscient d'un manque d'amour dans l'église ? Quels sont les principes concernant l'emploi des dons de l'Esprit ? Quelle différence existe entre la dîme et les offrandes ?

Chapitre 45 : La discipline dans l'église locale

La discipline est une des marques de l'église locale. De quoi s'agit-il au juste ? On peut la définir comme étant l'ensemble des dispositions prises par les responsables de l'église locale en vue de créer l'harmonie dans les relations entre les membres, et permettre de rendre un culte à Dieu dans l'ordre, la fidélité, la sérénité, la dignité et la joie.

Un peuple saint

Le peuple de Dieu, que ce soit Israël dans la période de l'Ancien Testament ou l'Eglise dans le Nouveau Testament, ne peut être introduit dans la communion avec un Dieu saint, qu'en étant « sanctifié », mis à part pour Dieu et c'est ainsi que l'apôtre Pierre appelle l'Eglise à la sainteté dans les mêmes termes que ceux utilisés par l'Eternel pour exhorter son peuple Israël (1Pierre 1.15-16) citant (Lévitique 19.2). L'Eglise de Jésus-Christ est alors composée de « saints », c'est-à-dire de « ceux qui ont été sanctifiés en Christ-Jésus, appelés saints » (1Corinthiens 1.2). Plus d'une fois, cette expression « appelés à être saints » (Romains 1.7) est utilisée, renforçant cette double notion. Les chrétiens convertis sont appelés des « saints » (Ephésiens 1.1 ; Colossiens 1.2 ; Jude 3 ; Romains 16.5) et en conséquence, ils sont appelés à vivre saintement (2Timothée 1.9).

La réputation de Dieu dans l'église locale

Le peuple de Dieu doit être une « nation sainte » parce qu'il a été racheté par le Seigneur. Il lui appartient en propre. Il est purifié par lui. Il manifestera désormais ses vertus (Tite 2.14 ; 1Pierre 2.9 ; Exode 19.5-6). En appelant son peuple, Dieu lie sa réputation à leur conduite. S'il est saint, il glorifiera la sainteté de Dieu. Si, en revanche, il est pécheur, il donnera une mauvaise image de Dieu, qui sera de ce fait mal présenté. L'église est donc appelée à glorifier les attributs [caractères] de

Dieu, en les démontrant dans sa conduite. Si elle ne le fait pas, le résultat contraire se produit (Romains 2.24). Une des motivations pour une vie chrétienne réussie est donc de faire en sorte que « le nom de Dieu et que la doctrine (= l'Evangile) ne soient pas dénigrés » (1Timothée 6.1). Rappelons-nous que le bien suprême des hommes est de connaître correctement la gloire de la nature de Dieu et que cette gloire doit être révélée par son peuple. C'est pourquoi Dieu accorde énormément d'importance à la sanctification de celui-ci. C'est aussi pour cela que Dieu dans l'A.T fait une action de purification, de rassemblement de son peuple d'Israël, et qui le glorifiera aux yeux des autres peuples (Ezéchiel 36.21, 23-26). Ainsi, Dieu veut faire connaître sa gloire sainte à travers son peuple et son Eglise qui porte son nom. Si un chrétien ou une église pèche, le nom de Dieu est trainé dans la boue, profané, blasphémé.

<u>La pureté dans l'église locale</u>

Comment une église doit-elle réagir, selon la pensée de Dieu, quand un de ses membres commet un péché flagrant qui jette le discrédit sur le nom de Dieu ? (Matthieu 18), le Seigneur Jésus-Christ nous donne la procédure à suivre. Elle comporte quatre démarches :

Première démarche :

« Si ton frère a péché, va et reprends-le seul à seul » (Matthieu 18.15). Confrontés au péché d'un frère, notre première réaction ne doit pas être d'en parler à d'autres, pas même aux responsables de l'église, mais de le l'aborder lui-même. L'apôtre Paul recommande que ce soit fait « avec un esprit de douceur » et dans l'humilité (Galates 6.1). Le but n'est évidemment pas de le condamner, mais de l'amener à confesser sa faute et à s'en repentir en changeant de conduite (Jacques 5.20).

Deuxième démarche

« S'il ne t'écoute pas, prends avec toi une ou deux personnes, afin que toute l'affaire se règle sur la parole de deux ou trois témoins » (Matthieu 18.16). Le but reste le même : que l'affaire soit entièrement réglée par la repentance du coupable. L'attitude des personnes doit également être la même. Il importe de choisir pour cette triste charge des personnes spirituelles, dignes, capables d'encourager à la repentance dans l'amour.

Troisième démarche :

« S'il refuse de les écouter, dis-le à l'église » (Matthieu 18.17). Les membres de l'église locale ne doivent être informés qu'en dernier ressort. Dans le but que toute l'église insiste auprès du pécheur, dans un dernier effort pour l'amener à la repentance. Il est à souhaiter que le membre égaré accepte enfin « d'écouter l'église » dans cette approche ultime.

Quatrième démarche :

« S'il refuse aussi d'écouter l'église, qu'il soit pour toi comme un païen et un péager » (Matthieu 18.17). Si aucune de ces démarches ne réussit, l'église doit considérer le frère ou la sœur qui pèche comme « un païen et un péager », cela signifie deux choses :

(1) Ne plus le considérer comme un chrétien jouissant des privilèges des membres de l'église. Il ne portera donc plus de responsabilité dans l'église. L'église dissuadera le rebelle de participer à la sainte cène, puisqu'il n'est plus en communion ni avec ses frères ni avec Jésus-Christ, mais nul ne peut lui interdire d'assister aux assemblées s'il le désire ! L'église aura à cœur de maintenir néanmoins envers lui une attitude d'amour

chrétien. En voulant son bien, en priant pour son rétablissement [de même que l'on a de la compassion pour les inconvertis], en l'exhortant toujours, lorsque l'occasion se présente, à revenir à Dieu de tout son cœur.

Notons que cette discipline est appliquée par toute l'église, non dans le sens d'une punition, mais dans le désir de garder le témoignage de l'église libre des taches de péchés graves, pour la gloire de Dieu.

Quelques exemples dans le Nouveau Testament

Le cas le plus frappant est l'exemple de celui qui commet l'adultère avec la femme de son père (1Corinthiens 5.1-5). L'apôtre Paul s'indigne que l'église de Corinthe n'ait pas ôté de son sein celui qui s'est livré à une telle immoralité. A l'église de Thessalonique, Paul enseigne le devoir d'avertir fraternellement celui qui vit dans le désordre, et non selon son enseignement apostolique (1Thessaloniciens 5.14 ; 2Thessaloniciens 3.6,14-15). Il va jusqu'à dire de ne pas s'associer à un tel homme.

L'application de la discipline dans l'église locale est également nécessaire si une personne provoque « des divisions et des scandales, contrairement à l'enseignement » des apôtres (Romains 16.17). Là aussi, il faut s'éloigner du fauteur de troubles, « après un premier et un second avertissement » (Tite 3.10).

La fausse doctrine est une autre raison valable pour l'exclusion. La doctrine est si centrale que « si quelqu'un vient à vous et n'apporte pas cette doctrine (de l'Evangile) [dit l'apôtre Jean], ne le recevez pas dans votre maison » (2Jean 10). De même, l'apôtre Paul cite un certain Hyménée qui, parce qu'il enseigne que la résurrection est déjà passée, renverse la foi de quelques-uns (2Timothée 2.17-18). Paul le « [livra] à Satan » (1Timothée 1.20) comme il l'a fait aussi pour l'homme adultère de Corinthe (1Corinthiens 5.5). Cette expression extrême de la discipline de l'église semble signifier l'abandon du pécheur rebelle aux conséquences autopunitives de ses actes, comme Dieu lui-même livre les pécheurs à l'esclavage du mal quand ils choisissent cette voie (Romains 1.24,26,28).

Cependant, si ce traitement extrême opère la repentance voulue, la grâce et la miséricorde sont disponibles au pécheur repentant. Et si Dieu accorde son pardon, l'église doit faire pareillement. Même dans le cas de l'homme adultère de Corinthe, nous voyons le principe de la grâce à l'œuvre. En leur écrivant, dans sa deuxième lettre, qu'ils doivent accorder le pardon au repentant, faire acte d'amour envers lui et le consoler (2Corinthiens 2.5-11), l'apôtre Paul fournit un exemple quant à l'attitude à avoir envers les frères déchus qui reviennent au Seigneur. « Là où le péché a abondé, la grâce surabonde » (Romains 5.20). La communauté des graciés pardonne à son tour et accueille de nouveau le repenti en son sein.

Que se passerait-il s'il n'y avait jamais de discipline dans l'église locale ? Est-ce uniquement les conducteurs spirituels qui doivent s'occuper de la discipline ? Si nous sommes l'objet d'une démarche disciplinaire, comment voudrions-nous que les choses se passent ? Quels sont les dangers à éviter dans la pratique de la discipline de l'église ? Quels sont les buts de la discipline ? Dans quels cas faudrait-il intervenir pour appliquer la discipline dans l'église ?

Chapitre 46 : Le retour de Jésus-Christ

Le salut que Jésus a acquis pour son Eglise contient un événement futur : il va revenir « afin de faire paraître devant lui cette Église glorieuse, sans tache, ni ride, ni rien de semblable, mais sainte et irrépréhensible » (Ephésiens 5.27). Ce sera l'achèvement (l'accomplissement total) du salut de ceux que Dieu a « prédestinés à être semblables à l'image de son Fils » (Romains 8. 29), et cela fait partie de notre espérance (1Jean 3.2-3).

La manifestation de sa venue

L'espérance de l'église est de voir Jésus revenir dans la gloire de sa majesté. Les rachetés aspirent à l'achèvement du salut (Tite 2.13). Lors de sa vie sur la terre, Jésus a clairement prédit son retour. Si sa première venue se fit dans l'obscurité, pour souffrir pour notre salut en étant « méprisé et abandonné des hommes » (Esaïe 53.3), son retour se fera dans la révélation de sa gloire et de sa puissance (Marc 10.45 ; 13.26 ; 14.62 ; Matthieu 24.27 ; 2 Thessaloniciens 2.8). Il s'agit de l'événement auquel aspirent les chrétiens, lorsqu'ils prient : « Viens, Seigneur Jésus ! », selon sa promesse : « Je viens bientôt » (Apocalypse 22.20).

A quel moment arrivera-t-il ?

« Dans les derniers jours, il viendra des moqueurs pleins de raillerie, qui [...] diront : Où est la promesse de son avènement ? » (2Pierre 3.3-4). N'a-t-il par promis de venir bientôt ? Et pourtant les siècles passent. L'apôtre Pierre répond à cette objection : « Devant le Seigneur un jour est comme mille ans et mille ans comme un jour. Le Seigneur ne retarde point l'accomplissement de sa promesse, comme quelques-uns le pensent. Il use de patience envers vous, il ne veut pas qu'aucun périsse mais il veut que tous arrivent à la repentance » (2Pierre 3.8-9). Les hommes veulent savoir quand Christ reviendra, mais Jésus n'a pas donné de réponse précise (Matthieu 24.36 ; Actes 1.7). Ce jour viendra de manière inattendue (1Thessaloniciens 5.2 ; 2Pierre 3.10 ; Matthieu 24.44). Inutile d'essayer de déterminer le jour : de telles tentatives sont vouées à l'échec. Dieu veut que nous vivions comme si le Seigneur devait revenir aujourd'hui.

<u>Les signes annonciateurs</u>

Cependant, Jésus et les apôtres donnent certains signes devant marquer l'époque de la « fin des temps ». Sous réserve d'erreur, nous pouvons néanmoins, en toute humilité, penser qu'à la lumière des signes prédits par la Bible, Jésus pourrait réellement revenir pendant notre génération (Matthieu 24.11,14 ; Marc 13.7-8 ; Luc 21.12, 21,23,25, 27-28). L'apôtre Paul prédit aussi que dans les derniers temps, quelques-uns abandonneront la foi, pour s'attacher à des esprits séducteurs et à des doctrines de démons » (1Timothée 4.1). Cette activité satanique se concrétisera dans la personne de l'antichrist (2Thessaloniciens 2. 3-4,9-10). Mais, en venant, le Seigneur Jésus détruira cet homme du péché « par le souffle de sa bouche et [...] il l'écrasera par l'éclat de son avènement » (2 Thessaloniciens 2.8). Ce sombre passage qu'attend l'humanité aboutira alors à la victoire de Jésus et à la délivrance de son peuple.

<u>La fin de l'histoire de notre salut approche</u>

Passant par ces secousses cosmiques du temps de la fin, le chrétien se réjouira de l'espérance du retour de Christ, et de le voir un jour paraître. Ce sera le jour de l'achèvement de l'œuvre de Jésus pour notre salut (Romains 8.23-24). Il faut dire que notre salut attend encore la réalisation pleine et entière, bien que nous soyons dès à présent sauvés en Esprit. Mais quand Jésus reviendra nous aurons le salut de notre *être* tout entier. Les chrétiens décédés qui sont « morts en Christ »

(1Corinthiens 15.18) vivront la résurrection. « Ceux qui appartiennent au Christ, lors de son avènement » (1Corinthiens 15.23) sortiront des tombes, ayant « revêtu l'immortalité » (1Corinthiens 15.54). Nous serons « semblable à son corps glorieux » (Philippiens 3.21), non plus corruptible, mais incorruptible, non plus infirme, mais : plein de force (1Corinthiens 15.42-43). Et nous, écrit l'apôtre Paul, les chrétiens vivant lors de ce jour extraordinaire « nous ne mourrons pas tous, mais tous nous serons changés, en un instant, en un clin d'œil, à la dernière trompette. La trompette sonnera, et les morts ressusciteront incorruptibles, et nous, nous serons changés » (1Corinthiens 15.52-53) par l'action directe de Dieu, sans passer par la mort. Lors de cet enlèvement de l'Eglise, notre corps sera enlevé et transformé pour ressembler au corps ressuscité de Christ qui monta à l'ascension auprès du Père (Matthieu 24.30-31,40-42). Paul résume toutes ces vérités rassurantes de manière succincte et claire : « Voici, en effet, ce que nous vous déclarons d'après la parole du Seigneur : nous les vivants, restés pour l'avènement du Seigneur, nous ne devancerons pas ceux qui sont morts. Car le Seigneur lui-même, à un signal donné, à la voix d'un archange, et au son de la trompette de Dieu, descendra du ciel, et les morts en Christ ressusciteront premièrement. Le jour vient où nous irons à la rencontre du Seigneur dans les airs, et ainsi nous serons toujours avec le Seigneur » (1Thessaloniciens 4.15-17). Quelle perspective glorieuse ! Nous pouvons bien, comme le dit l'apôtre, nous consoler les uns les autres par ces paroles (v.18).

Quelles peuvent être les raisons pour lesquelles Jésus n'a pas fait connaître la date de son retour, mais en a seulement donné des signes avant-coureurs ? Quelle doit-être l'attitude du chrétien face au retour de Christ ? Comment pouvons-nous obéir à cette exhortation : « Hâtez l'avènement du jour de Dieu » (2Pierre 3.12) ?

Chapitre 47 : Le jour des récompenses

« Le jour du Seigneur viendra » : Ce sont les témoignages conjoints de l'apôtre Paul (1Thessaloniciens 5.2) et de l'apôtre Pierre (2Pierre3.10). Si ce jour où le Seigneur sera révélé dans sa gloire est le jour de la glorification des rachetés, il est néanmoins aussi appelé « le jour de la colère de l'Eternel » dans l'Ancien Testament (Sophonie 2.2) et « le jour de la révélation du juste jugement de Dieu qui rendra à chacun selon ses œuvres » dans le Nouveau Testament (Romains 2.5-6). La Bible entière enseigne qu'à la fin des temps, Dieu règlera les injustices de ce temps présent : La justice vaincra ! Non seulement Dieu fera justice aux hommes, mais il sera évident pour tous que sa justice aura le dernier mot dans l'histoire des hommes.

Deux sortes de jugement

Le Seigneur Jésus lui-même rassure le croyant, en affirmant que puisqu'il croit, il « a la vie éternelle et ne vient pas en jugement » (Jean 5.24). Mais si « celui qui croit en lui n'est pas jugé (Jean 3.18), comment se fait-il que Paul, écrivant à des croyants, leur dit : « Chacun de nous rendra compte à Dieu pour lui-même » (Romains 14.12) ? Pour répondre à cette question, il faut saisir une différence importante concernant les deux catégories de personnes jugées et le but ou la raison de leur jugement. Les hommes sauvés devront « tous comparaître devant le tribunal de Christ » (2Corinthiens 5.10), et les incroyants de toutes les nations seront assemblés devant « son trône de gloire. » (Matthieu 25.31-32). L'issue de ces deux jugements, cependant, sera bien différente. Le jugement qui attend l'inconverti est un jugement de condamnation. Le juge de tous les hommes rendra une sentence de condamnation surtout des pêcheurs qui ne se sont pas approprié l'œuvre de Christ pour leur salut (2Thessaloniciens 1.9 ; Hébreux 10. 27,31). Le chrétien, en revanche, ne doit pas craindre un tel jugement (Romains 8.1). Le fait d'avoir été justifié par la foi en

Christ nous sauve complètement de la colère à venir (Romains 5.9). Le croyant ne vit donc pas sa vie chrétienne sous la menace d'être, après tout, perdu. Personne ne condamnera celui pour qui Christ est mort, pour qui il intercède et qu'il justifie (Romains 8.33-34). Cela ne veut pas dire, cependant, que le chrétien peut se reposer sur ses succès, comme s'il n'avait plus aucun compte à rendre au Juge. Bien qu'il ne craigne pas de perdre son salut, le chrétien peut perdre tragiquement la récompense que Dieu donnera à ses enfants fidèles. Peut-il y avoir plus grande récompense que la présence éternelle et visible de Christ parmi les siens ? Avec Christ nous sommes et serons comblés !

Les paraboles de (Matthieu 24 et 25) sur le jugement des croyants (les serviteurs, les dix vierges, les talents) montrent que leur jugement se fait sur l'attention qu'ils ont donnée au nom de Christ qu'ils portent : ont-ils honoré le Christ dans leur vie en obéissant ou non aux deux commandements d'amour de Dieu et du prochain ? Beaucoup se disent chrétiens, mais le voit-on concrètement ? C'est ce que ce jugement des croyants révèlera et malheureusement beaucoup peuvent "perdre leur salut" ! Il y aura donc, selon le Nouveau Testament, une évaluation de la vie d'obéissance et de service fidèle de chaque chrétien. L'objet de ce jugement n'a aucun rapport avec la question, déjà réglée, de son salut éternel. Son but est plutôt de révéler à tous qui sont les vrais fils de Dieu (Romains 8.19). Dieu dans ce jugement ne fait que constater ce que chacun a fait par rapport à sa foi en Christ, et c'est juste qu'Il accepte ce que chacun a choisi. En cela, ce jugement des fidèles rend témoignage à la justice de Dieu.

Les récompenses

Jésus, dans le sermon sur la montagne, porte à la lumière la question de l'incidence des récompenses sur la motivation de notre conduite. Il parle des hypocrites qui font leurs actes de piété « afin d'être glorifiés par les hommes ». Il ajoute : « Ils ont reçu leur récompense » (Matthieu 6.2). Trois fois, Jésus critique ceux qui vivent pour l'admiration des hommes, pour en être vus, et trois fois il répète « ils ont reçu leur récompense » (Matthieu 6.2,5,16). Quelle est cette récompense ? C'est celle de se sentir bien considéré, honoré des hommes. De telles personnes ont cherché leur propre gloire, et elles l'ont reçue dès cette terre.

Mais Jésus interdit à ses disciples cette motivation (Matthieu 6.1) en contradiction avec les principes de son Royaume. Jésus nous appelle à choisir de plaire à Dieu plutôt qu'aux hommes. Celui qui vit sa vie chrétienne dans le but de rechercher la gloire humaine risque de ne pas être reconnu comme disciple par le Seigneur (Matthieu 7.21-23) bien qu'il jouisse de l'approbation des hommes. Celui qui, en revanche, ne cherche que la gloire de Dieu sera récompensée par Lui, même si aucun homme ne remarque sa piété (Matthieu 6.4,6,18).

Certains réagissent à cet enseignement biblique en disant que chercher à être récompensé pour sa conduite est égoïste et indigne d'un chrétien. Mais si Jésus nous révèle que son Père gratifiera la bonne conduite, ce n'est pas pour encourager notre égoïsme. Il veut plutôt éveiller chez ses disciples l'amour pour son Père et le désir de lui plaire. On n'obéit pas pour avoir une récompense ! Le chrétien sera heureux d'avoir l'approbation et la reconnaissance de Dieu pour sa fidélité, mais il n'obéit pas pour ça, il obéit simplement parce qu'il aime Dieu et que l'Esprit met en lui le désir de le faire connaître à d'autres par sa vie d'amour et de confiance. Un jour, Dieu exprimera son plaisir à notre égard par les mêmes mots que Jésus met dans la bouche du maître dans ses paraboles : « Bien, bon et fidèle serviteur » (Matthieu 25.21, 23 ; Luc 19.17). Si nous aimons le Père, nous aimerons entendre cette appréciation de sa bouche.

Dieu rendra à chacun selon ses œuvres

Ce mot « rendra » souligne la justice de Dieu dans son jugement. Il signale un lien d'équité entre les œuvres du chrétien et sa récompense, de même qu'entre les péchés des perdus et leur punition. Le principe de rétribuer chacun selon ses actes, répété à travers l'Ecritures (Job 34.11 ; Psaumes 62.13 ; Proverbes 24.12 ; Jérémie 17.10 ; Matthieu 16.27 ; Romains 2.6 ; 2Timothée 4.14 ; Apocalypse 22.12), affirme avec certitude que le jugement sera juste. La rétribution de chacun sera, ni plus ni moins, ce qu'il aura choisi dans sa vie terrestre.

Il n'est nulle part dit dans l'Ecriture que l'homme est sauvé **par** ses œuvres. Mais le fait qu'il soit jugé **sur** ses œuvres n'est que justice. Le jugement sera juste dans ce sens qu'il tiendra compte : (1) de nos actes, même des actions secrètes (Romains 2.16) ; (2) de nos paroles, même de toute parole vaine (Matthieu 12.36-37) ; (3) de la lumière que nous avons reçue (Luc 12.47-48 ; Romains 2.12) ; (4) de la motivation de nos actes (Matthieu 6.1-18).

Ces principes de jugement sont identiques et valables pour le jugement des perdus, comme pour celui des chrétiens, car ils ne font que récapituler les fondements de la justice même.

Pour ce qui concerne les perdus, leur condamnation éternelle sera prononcée ce jour-là, mais l'estimation des péchés et de la responsabilité du pécheur variera pour chacun selon les critères cités plus haut. Jésus répond à Pilate que celui qui l'a livré est « coupable d'un plus grand péché » (Jean 19.11), et il enseigne que celui qui ignore la volonté de Dieu sera moins responsable que celui qui a péché en toute connaissance de cause (Luc 12.47-48). Ce n'est pas dans la punition qu'il y a des degrés, mais dans l'évaluation des péchés et de leurs motivations. La punition du péché c'est la mort éternelle, donc il ne peut pas y avoir de degrés. On est mort ou on ne l'est pas ! Dans la parabole de Luc, le nombre de coups différents peut simplement être une image de la souffrance que l'homme jugé éprouvera à l'énoncé de la sentence de rejet du Royaume, souffrance imagée ailleurs par les pleurs et les grincements de dents.

Ces principes nous aident à répondre à ceux qui ne peuvent admettre que les païens qui n'ont jamais entendu parler de Christ soient aussi perdus. De tels païens seront condamnés parce qu'ils sont pécheurs, ayant péché contre la lumière de leurs consciences (Romains 2.14-16). Ils ne seront pas punis de n'avoir pas cru en Christ, s'ils n'ont jamais entendu parler de lui. Mais si leur ignorance diminue quelque peu leur responsabilité, elle ne les sauve pas. Ils restent des pécheurs ayant besoin d'être sauvés, ayant donc besoin d'entendre l'Evangile (Romains 10.13-15).

Bâtir sur le bon fondement

Notre vie chrétienne sera aussi sujette à cette évaluation juste de la part de notre Père céleste, mais sa finalité ne sera pas une punition. Au contraire, elle nous procurera en « récompense » la joie d'être éternellement en présence de Christ. Jésus nous a dit que le simple fait de donner à boire un verre d'eau en son nom mérite une récompense aux yeux des hommes (Marc 9.41). Le texte de Marc ne concerne pas le chrétien mais comme dans (Matthieu 25.31-46), il s'agit des païens (les nations) qui en donnant à boire à quelqu'un parce qu'il est croyant en Christ, manifestent de l'amour pour le prochain, ce dont Dieu tiendra compte dans son jugement. Combien plus alors les œuvres de miséricorde faites en son nom envers les affamés, les réfugiés, les malades et les prisonniers (Matthieu 25.34-40). Il n'est pas question ici, du salut obtenu par les oeuvres ! Les oeuvres de miséricorde au nom du Seigneur révèlent seulement l'état intérieur de celui qui les fait, son amour pour Dieu et le prochain qui les a poussés à les accomplir, mais elles ne sont pas faites pour avoir une récompense ! Ainsi, elles mettront en lumière notre amour pour notre Sauveur et pour ses créatures et elles permettront à Jésus de nous accueillir avec justice dans son Royaume.

L'apôtre Paul, lui aussi, traite de ce sujet (1Corithiens 3.10-15). « Le feu » dans ce texte fait partie de l'image que Paul développe pour illustrer son enseignement : le saint regard de Dieu éprouvera nos œuvres. C'est corrompre l'image que d'interpréter ce feu comme un « purgatoire » éventuel où souffriraient des personnes. En quoi consiste exactement cette récompense ? Dans ce texte précis ce n'est pas explicité, mais tous les autres textes que nous mentionnons, avec l'image de la couronne, concourent à définir cette récompense comme l'entrée dans le Royaume promis par Jésus. On trouve en effet bon nombre d'allusions à une « couronne » dans le contexte des récompenses. L'apôtre Jacques parle de la « couronne de vie, que le Seigneur a promise à ceux qui l'aiment » (Jacques 1.12). L'apôtre Pierre promet aux serviteurs fidèles : « Vous remporterez la couronne incorruptible de la gloire » (1Pierre 5.4). Et l'apôtre Paul, quand « le moment de son départ approche », écrit : « Désormais la couronne de justice m'est réservée ; le Seigneur, le juste juge, me la donnera en ce jour-là, et non seulement à moi, mais à tous ceux qui auront aimé son apparition » (2Timothée 4 .6,8). Le livre de l'Apocalypse reprend le même thème : les vingt-quatre anciens assis sur leurs trônes, sont « vêtus de vêtements blancs, et sur leurs têtes des couronnes d'or » (Apocalypse 4.4). Que représentent ces couronnes de vie, de gloire, de justice, sinon la victoire de la foi qui leur permet d'entrer dans le Royaume de Dieu ?... Quoi que représentent ces couronnes, en gloire ou en honneur de la part de Dieu, attribuées en récompense pour leur fidélité, nous lisons que ces anciens « se prosterneront devant celui qui est assis sur le trône, en disant : Tu es digne, notre Seigneur et

notre Dieu, de recevoir la gloire, l'honneur et la puissance »
(Apocalypse 4.10-11). Même nos récompenses, données par la
grâce surabondante de notre Dieu, seront à sa gloire et non à
la nôtre. Paul, en (1Corinthiens 9.24-25), compare ces
récompenses au trophée offert au gagnant de la course au
stade. Les coureurs s'imposent des disciplines exigeantes *afin
de* gagner ce prix pourtant éphémère et « corruptible ». Notre
prix, cependant, dit-il, est incorruptible, éternel. Pour gagner le
prix terrestre, le coureur mobilise toute sa force et fournit tous
ses efforts. Puis l'apôtre Paul nous dit « Courez *de manière à*
remporter le prix » dans la course chrétienne. La différence
entre "de manière à" et "afin de" n'est pas bien perceptible car
le premier indique la **conséquence** de la course, et le second
indique **le but** de la course. Notre course chrétienne aura pour
conséquence l'entrée dans le Royaume, mais nous ne courons
pas **pour** y entrer ; nous courons avec ardeur, enthousiasme,
reconnaissance et amour, parce que Christ nous y a déjà
introduit. Les comparaisons ou paraboles employées par Paul
utilisent des images de la vie courante (course, stade,
vainqueur, couronne) pour pousser le croyant à ne pas se
relâcher dans sa foi et à garder son espérance et son assurance
vivantes. La couronne obtenue marque simplement la victoire
et pour le croyant, c'est sa vie éternelle avec le Seigneur. Jésus
lui-même promet : « Sois fidèle jusqu'à la mort, et je te donnerai
la couronne de vie » (Apocalypse 2.10).

*Le chrétien ne sera pas jugé. Vrai ou faux, pourquoi ? Quel est
le lien entre jugement et les mérites ? Sur quoi le jugement
dernier se portera-t-il ? Quelle récompense le chrétien doit-il
chercher ? Dans la pratique, que signifie exactement « bâtir
avec de l'or, de l'argent, des pierres précieuses » ou avec « du
bois, du foin, du chaume » (1Corinthiens 3.10-15) ? Comment
la doctrine du jugement a) des perdus et b) des chrétiens va-t-
elle influencer notre conduite ?*

Chapitre 48 : Le royaume de Dieu

Un jour, Jésus a donné à ses disciples un modèle de prière. Elle contient, en tout premier lieu, une requête pour la glorification de Dieu : « Que ton nom soit sanctifié ». La deuxième requête de cette prière est : « Que ton règne vienne » ; elle est expliquée par la phrase : « Que ta volonté soit faite sur la terre comme au ciel » (Matthieu 6.10). Voilà, semble-t-il, le désir incomparable du cœur de Dieu pour le monde qu'Il a créé. Que le ciel gouverne de nouveau cette terre dominée actuellement par Satan, et que ce règne de Dieu se réalise parmi les hommes, avec comme roi, le Seigneur Jésus-Christ, à la fois homme et Dieu.

<u>Adam, gouverneur et représentant</u>

Le plan primitif de Dieu fut qu'Adam règne sur la terre, comme son représentant (Genèse 1.28 ; Psaumes 8.5-7 ; 115.16). Mais un ange usurpateur, le diable, gagna le cœur de ce vice-gouverneur et représentant de Dieu et, l'ayant dominé par le péché, devint « le prince du monde » (Jean14.30 ; 1Jean 5.19). Dans l'ancien testament, des prophètes annoncent la venue d'un roi que Dieu suscitera de la postérité de David (2Samuel 7.12-13 ; Jérémie 23.5). Il est appelé le Messie, l'Oint, car les rois d'Israël étaient oints d'huile, en signe de leur consécration à leur fonction. Le Messie règnera en accomplissant une alliance, un accord conclu entre le Père céleste et le Fils de Dieu dès avant la création « C'est moi [dit l'Eternel] qui ai oint mon roi à Sion, ma montagne sainte ! » Selon le décret de Dieu lui-même, le Père dit au Fils : « Demande-moi et je te donnerai les nations pour héritage, et pour possession les extrémités de la terre » (Psaumes 2.6,8). Le Roi, le Messie de Dieu, va venir régner sur toute la terre.

Le royaume de Dieu est parmi nous

Cette prophétie trouve son accomplissement en Jésus, « le dernier Adam » (1Corinthiens 15.45). Lors de l'annonce de sa naissance à Marie, l'ange dit de Jésus : » Le Seigneur Dieu lui donnera le trône de David, son père. Il règnera sur la maison de Jacob éternellement et son règne n'aura pas de fin » (Luc 1.32-33). Déjà, Jésus établit la royauté de Dieu sur la terre, car il est le seul être humain à ne pas avoir de nature pécheresse. Il n'est donc pas soumis à la domination de Satan. En sa personne, Dieu établit son règne sur la terre. Ainsi, quand il commence à chasser les démons, Jésus explique : « le royaume de Dieu est […] parvenu jusqu'à vous » (Luc 11.20). Par sa mort expiatoire pour les péchés de son peuple, Jésus vainc le pouvoir que Satan a sur eux. Avant de régner sur la terre, Jésus doit anéantir le prince pillard, ce qu'il fait par sa mort, sa résurrection et son ascension, réalisant ainsi la prophétie qui affirme que Dieu soumettra toutes choses à son Fils, le fils de l'homme (Hébreux 2.8-9, 14-15). Cette œuvre de la mort, de la résurrection et de l'ascension de Christ, par laquelle il a enlevé à Satan le droit de dominer, est indispensable pour établir valablement le royaume de Dieu parmi nous.

Un royaume dès maintenant

Avant le retour du Christ comme Roi glorieux, le royaume de Dieu s'étend toujours plus à travers le monde, dans les cœurs de ceux qui se soumettent à Christ comme Seigneur et Sauveur. Jésus a annoncé le moyen d'entrer immédiatement dans le royaume. C'est par la nouvelle naissance et la conversion (Matthieu 18.3 ; Jean 3.3 ; Colossiens 1.13). Là où l'on accueille le Christ comme Roi et Seigneur, là est le royaume de Dieu. Tous ne sont pas disposés à confesser Jésus Christ comme Seigneur. Seuls ceux chez qui l'Esprit a fait son œuvre pour qu'ils disent : « Jésus est mon Seigneur » sont dès lors admis dans le royaume. Ce royaume s'étend par tout le monde grâce à l'évangélisation des témoins de Jésus-Christ que nous sommes, comme Jésus l'indique dans la parabole du grain de sénevé (Matthieu 13.31-32).

Quand le Roi revient

Bien des prédictions bibliques du royaume attendent un accomplissement futur. Notre Père céleste exaucera enfin les prières de ses enfants. Il mettra à exécution le dessein qu'il a formé (Éphésiens.1.10). Car Christ est déjà exalté comme ayant l'autorité suprême de l'univers (Hébreux 1.3). Mais lors de son retour les deux grands ennemis restants, le diable et la mort, seront éliminés. Ils ont déjà été vaincus spirituellement à la croix et la résurrection, mais le retour de Jésus marquera leur fin effective. Le diable, mis hors d'état de nuire, sera lié et jeté « dans l'abîme » (Apocalypse 20.2-3). La mort, ce « dernier ennemi » (1Corinthiens 15.26), sera anéantie par la résurrection des morts (1Corintiens 15.24), Jésus sera manifesté comme Roi et Chef suprême, ayant le droit, en tant qu'homme autant que Dieu, de régner sur la terre. Tout genou fléchira et confessera que Jésus Christ est Seigneur (Philippiens 2.11). À cela correspond la vision du prophète Daniel (Daniel 7.13-14 ; Apocalypse 11.15).

Mais le prophète Daniel et l'apôtre Jean apportent la précision supplémentaire : les saints régneront avec Christ. Les rachetés « régneront sur la terre » (Apocalypse 5.10) : « ils régneront avec Christ » (Apocalypse 20.4,6). « Le royaume, la domination et la grandeur de tous les royaumes qui sont sous le ciel seront donnés au peuple des saints du Très-Haut. Son royaume est un royaume éternel » (Daniel 7.27). Alors « le temps arriva où les saints furent en possession du royaume » (Daniel 7.22). Christ régnera dans le royaume de son Père sur toute la terre, et « nous règnerons aussi avec lui » (2Timothée 2.12).

La justice de Dieu régnera

Alors les prédictions du prophète Esaïe, concernant un âge d'or où le serviteur de l'Eternel aura « établi le droit sur la terre » (Esaïe 42.1-4) se réaliseront car « Il sera juste entre les nations […] une nation ne lèvera plus l'épée contre une autre, et l'on n'apprendra plus la guerre » (Esaïe 2.4). « Le loup et l'agneau auront un même pâturage, le lion, comme bœuf, mangera de la paille » (Esaïe 65.25). « Il ne se fera ni tort, ni dommage sur toute ma montagne sainte ; Car connaissance de l'Eternel remplira la terre comme les eaux recouvrent [le fond] de la mer » (Esaïe 11.1-9). Notre attente, notre espérance, comme dit l'apôtre Pierre, quand « le jour du Seigneur viendra », c'est qu'il créera, « selon sa promesse, de nouveaux cieux et une nouvelle terre où la justice habitera » (2Pierre 3.10,13). Les choses actuelles disparaîtront totalement ; ce sera entièrement nouveau puisque la nouvelle création sera libérée de la servitude du mal ! C'est pour nous tellement fantastique qu'on a peine à se l'imaginer ! La création sera libérée de la servitude de la corruption » (Romains 8.21 ; Apocalypse 21.1-2,4 ; 22.3,5). Même si certains détails de ces prophéties sont difficiles à comprendre, une chose est claire : son règne viendra et sa volonté sera faite sur la terre comme elle est faite au ciel !

Quels sens donner à l'expression « le royaume de Dieu » ? Dans quel sens le royaume de Dieu est-il venu lors du ministère de Jésus sur la terre ? Quels sont les obstacles à l'instauration plénière du royaume de Dieu ? Que peut signifier que « nous régnerons avec Christ » ? Vers quel but Dieu dirige-t-il ses opérations ? Comment faire avancer le royaume de Dieu actuellement ?

Chapitre 49 : La gloire de Dieu

Quand nous parlons de la gloire de quelque chose, nous évoquons sa splendeur inhérente, excellente de sa nature. Dans la Bible, la « gloire de Dieu » est donc magnificence éblouissante de l'ensemble de toutes ses perfections, sa nature glorieuse. Quand Moïse prie « Fais-moi voir ta gloire ! » (Exode 33.18), Dieu répond par une révélation de sa miséricorde, sa compassion, sa bonté, sa fidélité, son amour et sa justice. Cette révélation est partielle, car ni Moïse ni personne dans cette vie-ci ne peut supporter la vision totale de la gloire de Dieu « l'homme ne peut me voir et vivre » (Exode 33.20-22 ; 34.6-7). Cette nature glorieuse de Dieu est révélée par sa création (Psaumes 19.2 ; Esaïe 6.3), mais surtout dans sa créature [l'homme] la plus merveilleuse, faite à sa ressemblance (Actes 7.2 ; 1Corinthiens 11.7). Voilà la clé pour saisir le but de la vie de l'homme. Il a été créé pour glorifier Dieu. Cela signifie deux choses. L'être humain est créé pour contempler, aimer et adorer la gloire de Dieu. Il existe aussi, fait à l'image de Dieu, pour refléter, par une vie de sainteté et d'amour, la nature glorieuse de Dieu. En effet, Dieu a créé, pour sa gloire, « quiconque s'appelle de [son] nom » (Esaïe 43.7). Quand l'homme glorifie Dieu ainsi, il trouve sa gloire d'être humain.

<u>Jésus, glorifie le Père</u>

Le Fils de Dieu et le seul qui ai pu dire tu dire à son Père : « Je t'ai glorifié sur la terre » (Jean 17.4). Sa vie entière est une réflexion parfaite de la nature de son Père, de sorte qu'il peut déclarer : « Celui qui m'a vu, a vu le Père » (Jean 14.9). Ceux qui l'ont effectivement du ont ajouté leur témoignage : « Nous avons contemplé sa gloire, une gloire comme celle du Fils unique venu du Père » (Jean 1.14). Peut-être Jean fait-il allusion, dans ce verset, à la transfiguration de Christ, quand, avec Pierre et Jacques, ils « virent la gloire de Jésus » (Luc 9.32). Pierre, en tout cas, en témoigne « nous avons vu sa majesté de nos propres yeux » (2Pierre 1.16). Il est donc significatif qu'à la fin de sa vie, Jésus, ayant parfaitement glorifié son Père.

C'est un des thèmes de la pensée de Jésus, la veille de sa mort, puisqu'il dit : « L'heure est venue où le Fils de l'homme doit être long être glorifié » (Jean 12.23). « Maintenant, le Fils de l'homme a été glorifié, et Dieu a été glorifié en lui. Si Dieu a été glorifié en lui, Dieu aussi le glorifiera en lui-même, et il le glorifiera bientôt » (Jean 13.31-32). Il considère sa mort, suivie de son ascension à la droite du Père, comme sa glorification, où sa gloire, relativement cachée ici-bas, éclatera à nouveau pleinement. Pour cela il prie, afin que, par sa glorification le Père soit davantage glorifié : « Père, l'heure est venue. Glorifie ton Fils, afin que le Fils te glorifie Père, glorifie-moi auprès de toi-même de la gloire que j'avais auprès de toi, avant que le monde fût » (Jean 17.1, 5). A travers sa passion, et surtout par son ascension à la droite de son Père dans les cieux, Jésus fut « élevé dans la gloire » (1Timothée 3.16).

Notre glorification

Aussi extraordinaire cela puisse sembler la Bible révèle que notre destinée, c'est d'être « glorifiés avec lui » (Romains 8.17). C'est pour cela que Jésus prie : « Père, je veux que là où je suis [dans la gloire céleste], ceux que tu m'as donnés soient aussi avec moi, afin qu'ils contemplent ma gloire, celle que tu m'as données » (Jean 17.24). Il déclare ainsi que les sauvés serons auprès de lui, contemplant et adorant sa gloire, mais il ajoute : « je leur ai donné la gloire que tu m'as donnée » (Jean 17.22). Selon la promesse de l'Ancien testament, « l'Eternel donne la grâce et la gloire » (Psaumes 84.12). Dieu veut donc nous élever à ce ciel glorieux où nous jouirons de sa gloire (1Pierre 5.10) et, dès à présent, nous nous réjouissons « dans l'espérance de la gloire de Dieu » (Romains 5.2). Car « quand Christ paraîtra », nous paraîtrons aussi « avec lui dans la gloire » (Colossiens 3.4). Cette glorification des rachetés est le but du dessein de Dieu (Romains 8.28-30). Le fait que cette glorification soit décrite au passé indique la certitude absolue de son accomplissement pour ceux qui sont appelés et justifiés, car ils sont prédestinés à cette fin.

Cette glorification sera la transformation de notre être, de sorte que toute racine de péché et d'imperfections sera enlevée de notre existence. Nous serons ainsi à l'image parfaite de Dieu, comme le fut le premier couple [Adam et Eve] lors de la création. Notre gloire d'êtres humains sera restituée et nous saurons à nouveau refléter la gloire de Dieu dans nos vies rendues saintes. Par notre glorification, Dieu sera lui-même glorifié, ce qui est le but ultime de toute l'existence. Nous pourrons le glorifier car nous lui ressemblerons. Il nous fera « paraître devant sa gloire, irréprochable dans l'allégresse » (Jude 24). La Bible appelle cette consommation de toutes choses « les noces de l'Agneau » (Apocalypse 10.7), où l'ensemble des rachetés seront préparés par leur glorification à entrer dans la vision céleste de leur sauveur. Jésus fera « paraître devant lui [son] Eglise glorieuse, sans tache, ni ride, ni rien de semblable, mais sainte et sans défaut » (Ephésiens 5.27). Cela arrivera au jour où Jésus viendra (2Tessaloniciens 1.10-12). « Nous serons semblables à lui » et « nous le verrons tel qu'il est » dans toute sa gloire (1Jean 3.2). En ce jour-là, nous pourrons supporter cette vision glorieuse qu'aucun œil humain ne pouvait jusqu'alors contempler. Notre réaction face à une telle vision sera celle de la « grande foule ». « Après cela, je regardai, et voici, il y avait une grande foule, que personne ne pouvait compter, de toute nation, de toute tribu, de tout peuple, et de toute langue. Ils se tenaient devant le trône et devant l'agneau, revêtus de robes blanches, et des palmes dans leurs mains. Et ils criaient d'une voix forte, en disant : Le salut est à notre Dieu qui est assis sur le trône, et à l'agneau. Et tous les anges se tenaient autour du trône et des vieillards et des quatre êtres vivants ; et ils se prosternèrent sur leur face devant le trône, et ils adorèrent Dieu, en disant : Amen ! La louange, la gloire, la sagesse, l'action de grâces, l'honneur, la puissance, et la force, soient à notre Dieu, aux siècles des siècles ! Amen ! » (Apocalypse 7.9-12).

Et nous nous y trouverons aussi, par sa grâce ! Quelle grâce ! Quel épanouissement ! Quelle gloire ! Ayant une telle espérance, apprenons à tout supporter pour le nom de Christ, car « un moment de légère affliction produit pour nous au-delà de toute mesure un poids éternel de gloire » (2Corinthiens 4.17-18). Et déjà, en attendant, « purifions-nous de toute souillure de la chair et de l'esprit » (2Corinthiens 7.1), « les yeux fixés sur Jésus » (Hébreux 12.2). Car dès à présent, « nous tous qui, le visage dévoilé, reflétons comme un miroir la gloire du Seigneur, nous sommes transformés en la même image, de gloire en gloire, comme par le Seigneur, l'Esprit » (2Corinthiens 3.18).

Quelles sont les significations de « gloire » et de « glorifier » ? Comment comprendre que par le péché nous sommes « privés de la gloire de Dieu » (Romains 3.23) ? « Je t'ai glorifié sur la terre » (Jean 17.4). Comment Jésus a-t-il fait cela ? Comment le Père a-t-il glorifié le Fils ? Quels sont les objectifs finaux de l'œuvre salutaire dont nous bénéficions par sa grâce ? Comment ces enseignements vont-ils nous aider à faire « tout pour la gloire de Dieu » (1Corinthiens 10.31) ?

Table des matières

Préface 5

Introduction... 7

1- Dieu se révèle.. 9
2- La révélation écrite................................ 12
3- L'inspiration de la Bible......................... 15
4- L'existence de Dieu................................ 16
5- L'infini de Dieu..................................... 19
6- Un Dieu personnel................................. 23
7- La Trinité... 27
8- La création... 31
9- Qu'est-ce que l'homme........................ 34
10- Le péché... 38
11- Les conséquences du péché................ 42
12- La Loi de Dieu..................................... 46
13- La mort... 51
14- Le sort des méchants.......................... 53
15- La grâce 59
16- Jésus, le Sauveur................................ 63
17- L'incarnation....................................... 67
18- L'obéissance de Christ........................ 71
19- La mort expiatoire de Christ................ 74
20- La glorification de Christ 81
21- La rédemption et le salut..................... 85
22- Le pardon des péchés......................... 89
23- La justification.................................... 94
24- La nouvelle naissance......................... 99
25- La conversion 103
26- La repentance 107
27- La foi.. 111
28- Le don de l'Esprit................................ 117

29- L'assurance du salut............................121
30- L'appel de Dieu 125
31- La sécurité éternelle............................131
32- La vie chrétienne................................135
33- La sanctification.................................139
34- La marche selon l'Esprit.......................143
35- Notre adversaire le diable....................148
36- La Parole de Dieu...............................153
37- La prière 158
38- Le témoignage chrétien 163
39- L'Eglise de Jésus-Christ......................167
40- L'église locale...................................171
41- Le baptême 175
42- La sainte cène..................................179
43- Les responsables d'église....................185
44- Le service chrétien 189
45- La discipline de l'Eglise.......................194
46- Le retour de Jésus-Christ.....................199
47- Le jour des récompenses....................202
48- Le royaume de Dieu..........................209
49- La gloire de Dieu...............................213

Table des matières...................................217

Du même auteur :

Comprendre et aimer les Musulmans en France
(*Ed Viens et vois, Sept 2017*)

« *Mieux comprendre pour mieux aimer, tel pourrait être l'objectif de ce livre. L'auteur traite d'un sujet qu'il connaît bien, étant lui-même un ancien musulman. Son propos riche en informations, et développé avec clarté et précision apporte un éclairage certain sur l'Islam, suscitant chez le lecteur un désir nouveau ou renouvelé d'annoncer le Christ aux musulmans de France.* »

Annoncer l'Evangile aux Musulmans de France
(*Ed Viens et vois, Mars 2018*)

« *Un ouvrage précieux pour tout chrétien voulant partager l'Evangile avec les musulmans. L'auteur donne des clés de compréhension d'un arrière-plan historique, d'un contexte culturel, d'un quotidien particulier souvent mal connus, voire ignorés. Autant de connaissances utiles et pertinentes pour témoigner avec efficacité du salut en Jésus-Christ.* »

Postface

« *Pour Salah MOKRANI être chrétien signifie aimer encore plus ses sœurs et ses frères musulmans. Avec persévérance, avec la fraîcheur du disciple enthousiaste, Salah parle de ce qui est au cœur du message biblique : l'amour de Dieu manifesté pour tous en Jésus Christ. Je souhaite à tout lecteur de pouvoir, à sa manière, faire l'expérience personnelle d'une relation privilégiée avec le Dieu aimant dont Salah est un témoin et un ambassadeur* » **Luca Marulli,** Docteur en théologie et professeur du N.T

« *Voilà, le Message essentiel de Salah pour TOI, lecteur inconnu.... Lis, relis encore et réfléchis aux propos de Salah. Que cet amour que Salah a pour TOI, se traduise en un Amour pour Notre Dieu Créateur et Sauveur, le Dieu AMOUR !!!!* » **Jean-Louis Ferret,** Ancien d'église

«*Salah a l'expérience du terrain pour l'évangélisation des musulmans mais aussi la connaissance de la parole de Dieu, qui font une parfaite harmonie et une source d'encouragement pour la communauté chrétienne APM (Arrière-Plan Musulman) francophone.*
Chris Hughes Pasteur Coordinateur pour l'Europe avec International Leadership Training (ILT)

« *Salah MOKRANI est un chrétien authentique, un vrai disciple de Jésus-Christ, qui a vraiment compris qu'être évangéliste aujourd'hui, c'est tout d'abord créer des ponts d'amitiés et se mêler avec les contemporains. Il est surtout passionné par la Bonne Nouvelle de Jésus-Christ qu'un jour il a accepté comme son Sauveur et son exemple à suivre* ». **Karel DENTENEER** Pasteur retraité et ancien directeur de L'institut d'étude de la Bible par correspondance (IEBC).

« *La première fois que j'ai entendu SALAH, je me suis dit : " Ce frère a reçu vraiment quelque chose de la part du Seigneur". Ce "quelque chose" est tout simplement cette passion des âmes qui l'anime dans ses paroles et ses actions. Et l'auditoire le ressent profondément.* »

Marcel MARCHIONI, Pasteur Fondateur de Rencontres et Dialogues, Un ministère auprès des victimes des sectes.